自治体職員のための
不当要求行為対応ブック

事例からわかるトラブル回避策

編著　宇都木法律事務所
（代表弁護士　宇都木　寧）

ぎょうせい

はしがき

　『行政対象暴力Q&A』を2004年（改訂版2010年）に出版してから、20年の年月を経た。出版当時、不当要求対策については未だ端緒についた段階であったため、公務員に対して不当要求とは何か、その対策はどうするのかという知識を普及するため不当要求事案に対する問題と解説という現場対応を重視した記載として出版した。

　当時の不当要求行為対策の対象者は暴力団等反社会的勢力が中心であり、法的手続と現場対応のみの記載となり、問題解決のためのプロセスはあまり論じられておらずノウハウ的なものに終始した。

　そのため全体として、なぜ不当要求、不当要望、危機的な事象に対応し解決しなければならないのかというコンセプトが不足していた。加えて「不当要求・要望・トラブル原因者」に対しての対応も「排除」「阻止」が中心であり、行政の本質・目的についての考え方が皮相であった。

　現在の地方自治の課題としては、経済の大都市、特に東京への一極集中と地方の過疎化、少子高齢化・ゴミ処理問題等広域化した環境行政、情報化・国際化の進展、税収の低下と支出の増大の問題がある。これらに対応するためには、行政において大胆な施策の転換が余儀なくされ、地方自治運営について行政改革・大胆な施策変更が求められている。

　しかしながら、現実はどうであろうか。過疎化、少子高齢化は進行し一向に改善される可能性は少なく、商店街の衰退、産業の空洞化、若者の流出等の課題がさらに重くのしかかっている。

　福祉については高齢化・孤老化、教育問題についても小学校・中学校の統合による通学の負担の増大、教育競争の増加による子どもの負担増大等様々な問題が生じている。地方の不況は一段と深刻化し、地域格差が拡大している。

　各地の地方公共団体においては、財政再建問題と、福祉・医療・教育といった不可欠な住民サービスの維持とのバランスで、いずれも深刻な問題を抱えている。

　このような地方公共団体の現状に鑑みれば、不当要求行為等問題の端緒と

なった市民を排除することのみが目的であってはならない。行政経営・評価の視点からは、①なぜ、不当要求行為が起きたのか、その原因は何か、②現場対応に問題は無かったのか、③排除対策の方針と方法について住民全体に説明がつくかを検証しなくてはならない。④その上で不当要求行為が起きないようどのような対策、例えば現場での対策に加え行政の改善が必要か、それがどのような方法かを検討しなくてはならないのである。不当要求行為者排除のみの論理は結局のところ行政の改善に繋がらず、再度、再々度の不当要求行為を招くことに留意しなくてはならない。

行政に対する不当要求行為対策の根幹は、反社会的勢力対策とは異なり「敵」は存在しない。全てが「市民」「住民」であり、「行政サービスの対象者」である。

今回は、前記の視点に基づいて、地方公共団体における「職員のためのトラブル回避マニュアル―現場で役立つリスク管理対策―」「不当要求と危機管理対策」として、具体的事案についてどのように対応し法的解決が可能であるか、また、その際どのような視点が必要かを記載し法的対応を深化させたい。

本書においては、
①　行政としての思考・理念・視点として何が重要か、住民本位・説明責任
②　法的対応について、解決すべき課題に対する法的手続の選択とその理由
③　職員の不祥事と思われる事案にどう対処するか、不祥事と思われる事案はなぜ発生したか、心理状態はどうなのか。
④　その中でどのように住民本位の解決をはかり、住民に対して説明できるか。その法的手続と選択の理念は何か。
⑤　そして不当要求行為者・クレーマーは何を考え何を目的としているのかを分析し、どのように対応し解決をはかるか。
⑥　不当要求、要望・トラブル原因者も住民であり排除はできない。
以上を総合的に検討することとした。

特に、本書の刊行に当たり、
①　行政強制が制限されていることから、民事保全法、民事執行法と行政法の融合をはかり、いかに公平で公正な行政を目指すかを記載した。
②　その中で特に民事保全法における保全処分申請時に必要な行政における被保全権利とは何かを場面・場面で論じることにした。

③　教育の現場での視点を再考した。
④　問題解決のため職員が相互部署を越え組織的に行動することと、コーディネーターの必要性と役割を記載した。

前記を受け、本書においては、
1. 部門別に具体的事例と具体的解決方法を記載し、様々な部署における問題を解決する指針を解説する。
2. 応用問題の課題として12問を掲載し、具体的事例を元に多方面から事例を分析し解説する。
3. 資料として、「クレーマーチェックシート」などを掲載した。

※本書では、「第1編　基本編」及び「第2編　応用編」の具体的事案について、現場の臨場感を表すため、不適切な言動を記載した。さらに、窓口での具体的対応については、不当要求者（クレーマー）の不適切な言動をあえて記載し、具体的対策を記載した。

令和6（2024）年12月

宇都木法律事務所
（代表弁護士　宇都木　寧）

目　次

はしがき

第1編　基 本 編　～具体的事案の解決事例と現場対応要領～

第1章　窓口・総務

Ⅰ　窓口対応 ··· 2

〈具体的事案の解決事例〉

1. 窓口の市民対応―クレーマー対策 ······················· 2
2. 窓口対応―市民からの暴力・傷害事件 ················· 6
3. 市民からのクレーム ···································· 10
4. インターネット上の書き込み―人権侵害 ·············· 12
5. 窓口業務に対するクレーム ····························· 14

〈現場における具体的対応要領〉～クレーム対策実践編（窓口）～

◆困った市民・市民のご意見番に対する対応

6. 自己の地位を誇示しクレームを申立てる ··············· 16
7. 自己の社会的地位、背景にある組織・役職を誇示しクレームを申立てる ································· 17
8. 背景の組織・肩書きを利用し、自己の主観的規範規則を押し付ける ·· 18

◆迷惑ユーチューバー対策

9. 庁舎内における制止を聞かないユーチューバーによるビデオ撮影・録画 ··· 20
10. 庁舎内におけるユーチューバー、自己の撮影が正当であると主張するビデオ撮影・録画 ·············· 21

1

Ⅱ　総　　務 ……………………………………………………… 22

〈具体的事案の解決事例〉
- ⑪　ビラまき ………………………………………………………… 22
- ⑫　施設管理・駐車場のトラブル ………………………………… 23
- ⑬　人事への介入 …………………………………………………… 25
- ⑭　情報漏洩 ………………………………………………………… 27

〈現場における具体的対応要領〉～クレーム対策実践編（申請窓口・窓口・総務・人事）～

◆申請窓口
- ⑮　住民票交付について手続が納得できない場合①─職員のミスを口実 ……………………………………………………………… 32
- ⑯　住民票交付について手続が納得できない場合②─執拗に謝罪を求める …………………………………………………………… 33
- ⑰　住民票交付について手続が納得できない場合③─法令に納得できない …………………………………………………………… 33
- ⑱　住民票交付について手続が納得できない場合④─「住民」を口実にして要求 …………………………………………………… 34

◆窓口・困った市民
- ⑲　税金の滞納処分・預金差押に対するクレーム ……………… 35
- ⑳　水道が止められたことに対するクレーム …………………… 35

◆総務・危機管理
- ㉑　ビラの配布がされた場合 ……………………………………… 36
- ㉒　街宣活動がなされた場合 ……………………………………… 37
- ㉓　政治結社と名乗る団体から機関誌が送られてきた場合 …… 38
- ㉔　人権団体と名乗る人物から書籍が送られてきた場合 ……… 38

◆総務・人事
- ㉕　職員の不祥事①─職員が逮捕された場合 …………………… 39
- ㉖　職員の不祥事②─職員が逮捕された場合の対応と市民の苦情 …… 39
- ㉗　職員の不祥事③─職員の専念義務違反と市民への説明 …… 40

第2章　まちづくり

Ⅰ　都市計画・整備 ……………………………………………… 42

〈具体的事案の解決事例〉

28　文書喪失・情報漏洩―通知表を紛失 ……………………… 41

29　道路計画についてのクレーム ……………………………… 42
30　開発についてのクレーム …………………………………… 44
31　区画整理についてのクレーム ……………………………… 46
32　違法建築に対する指導に対するクレーム ………………… 48

Ⅱ　用地収用 ……………………………………………………… 50

〈具体的事案の解決事例〉

33　用地収用のトラブル ………………………………………… 50
34　収用手続についてのクレーム ……………………………… 52

〈現場における具体的対応要領〉～クレーム対策実践編（用地補償）～

◆納得できない市民

35　工事補償について補償金額が納得できない場合 ………… 54
36　用地補償について補償金額が納得できない場合 ………… 55

Ⅲ　行政の財産維持・管理 ……………………………………… 56

〈具体的事案の解決事例〉

37　行政財産使用許可についてのクレーム …………………… 56
38　公園利用、公園の使用許可 ………………………………… 57
39　公園の不法占拠 ……………………………………………… 59
40　水路が消えた ………………………………………………… 61

Ⅳ　公営住宅 ･･ 63

〈具体的事案の解決事例〉
- ㊶　市営住宅入居についてのクレーム ････････････････ 63
- ㊷　団地の困りごと―迷惑な住民対策 ･･････････････････ 66

Ⅴ　公共施設の利用 ･･･････････････････････････････････ 68

〈具体的事案の解決事例〉
- ㊸　反社会的勢力の公共施設利用 ･･････････････････････ 68

〈現場における具体的対応要領〉～クレーム対策実践編（行政の財産維持・管理）～
- ㊹　道路瑕疵 ･･ 71
- ㊺　公共施設の利用についてのクレーム①―反社会的勢力？･･････････ 72
- ㊻　公共施設の利用についてのクレーム②―申込書は受け付けろ！････ 73
- ㊼　公共施設の利用についてのクレーム③―ホワイトである証明？････ 74

第3章　福祉・医療

Ⅰ　福祉行政 ･･･ 75

〈具体的事案の解決事例〉
- ㊽　福祉行政に対するクレーム①―生活保護受給 ････････････ 75
- ㊾　福祉行政に対するクレーム②―生活保護手続 ････････････ 77
- ㊿　生活支援制度に対するクレーム ････････････････････ 80
- 51　介護保険申請についてのクレーム ････････････････････ 82
- 52　公的支援制度に対するクレーム ････････････････････ 83

〈現場における具体的対応要領〉～クレーム対策実践編（福祉）～
◆生活保護手続でのクレーム―困った市民
- 53　生活保護窓口のトラブル①―職員の説明に対するクレーム･･････ 85
- 54　生活保護窓口のトラブル②―対応方法に対するクレーム ･･････ 86

Ⅱ　医療・保健衛生 ……………………………………………87

〈具体的事案の解決事例〉

55 市民病院・福祉施設への入院・入所圧力 ………………87
56 市民病院・入院患者についてのクレーム ………………89
57 保健衛生についてのクレーム ……………………………92

〈現場における具体的対応要領〉～クレーム対策実践編（医療）～

◆医療現場でのクレーム―困った市民

58 市民病院への外来、暴言、酩酊による受診要求① ……94
59 市民病院への外来、暴言、酩酊による受診要求②―応召義務を口実にした場合 ………………………………………………94
60 医療費支払い拒否―セクハラ ……………………………95

第4章　教育行政・学校

〈具体的事案の解決事例〉

61 教育についてのクレーム …………………………………96
62 学校給食についてのクレーム ……………………………98
63 学校の成績についてのクレーム …………………………99
64 学校事故についてのクレーム …………………………101
65 生徒の自殺未遂・生徒指導 ……………………………106

〈現場における具体的対応要領〉～クレーム対策実践編（学校・教育現場）～

◆教育現場のクレーム

66 学校での教員の子どもへの対応が納得できない場合①―早退 … 108
67 学校での教員の子どもへの対応が納得できない場合②―担任の変更・謝罪 ……………………………………………………109
68 学校での教員の子どもへの対応が納得できない場合③―担任が変わらないかぎり登校させない …………………………110

| 69 | 学校での教員の子どもへの対応が納得できない場合④―保護者の要求が職務外である場合 ……………………………… 111 |
| 70 | 学校のクレーム　水筒に水・お茶を入れるの忘れた？　対応のミス？ ……………………………………………………… 111 |

第5章　環境・環境行政

〈具体的事案の解決事例〉

| 71 | 環境についてのクレーム …………………………………… 114 |
| 72 | 不法投棄に対する対応 ………………………………………… 116 |

〈現場における具体的対応要領〉～クレーム対策実践編（環境・環境対策）～

◆環境問題についてのクレーム―困った市民

73	環境問題に対するトラブル―嫌悪施設と住民対応 ……… 119
74	ゴミ収集に関するトラブル―苦情 …………………………… 120
75	環境についてのクレーム・納得できない住民への説明 … 120
76	環境問題を口実にしたトラブル・建築紛争 ………………… 121

第2編　応用編 ～具体的事案の総合的検討～

課題1	長期に及ぶ不当要求行為対策 ……………………………… 124
課題2	職員に対する暴力行為クレーマー ………………………… 130
課題3	施設管理とビデオ撮影・録画の制限 ……………………… 142
課題4	不当要求行為に対する行政の対応 ………………………… 146
課題5	用地買収・公共用地の取得 ………………………………… 157
課題6	学校用地管理 ………………………………………………… 165
課題7	救急・医療・患者 …………………………………………… 173

課題8	教育の現場―モンスターペアレント ······················· 180
課題9	高齢者虐待・職員に対する脅迫 ························· 189
課題10	ゴミ屋敷に対する行政の対応 ··························· 192
課題11	談　　合 ·· 197
課題12	危機管理―失敗の原因と分析 ··························· 204

第3編　資　料　編

資料1 市民の苦情とクレーマーのクレームの区別
　　　　クレーマーチェックシート ································ 212

資料2 不当要求者面談時の注意点
　　　　～精神科面接マニュアルの応用～ ························ 216

資料3 苦情・クレーム対応マニュアル ·························· 219

あとがき

第1編
基 本 編
~具体的事案の解決事例と
現場対応要領~

行政の各部門別に具体的事例を例示し、問題点と解決方法を記載する。さらに窓口においての不当要求者（クレーマー）に対する具体的対応を記載する。

第1編 基本編

第1章　窓口・総務

Ⅰ　窓口対応

〈具体的事案の解決事例〉

1　窓口の市民対応—クレーマー対策

事例

　私は、A市において市民相談室の職員をしております。窓口を毎日訪れる市民Xさんについて相談したいと思います。

　Xさんは、ここ一年、毎日のように当市役所市民相談室を訪れ、①生活保護、②職員の倫理、ゴミ収集などの様々な質問を毎日のようにされていきますが、一般的な質問に終始しています。私が各部署からの資料を取り寄せ説明をしても全く納得せず、「納得できない。満足できる回答をよこせ」と怒鳴るばかりです。そこで昨日、「ご自身の権利に関する件ではありませんので、これ以上説明できません」と回答しました。

　本日、Xさんから開庁時間に自宅の固定資産税について相談したいとの連絡がありましたので、「資産税課が窓口ですから、そちらにお問い合わせください。当市民相談窓口では一般的なお話しかできません」と回答したところ、Xさんがすぐに市民相談窓口にお見えになり「自宅を改築したぐらいで、固定資産税を増やすとはなにごとだ、元に戻せ。俺は町内会長だ。お前ら市職員の面倒みているのは俺だ」「増額の理由を言え、バカ。これが満足できる市民サービスか」と怒鳴っています。「資産税課の担当を呼べ」、さらには「部長を呼べ、納得できるまで帰らない」「総務部長が土下座しない限り居座る」とまで言って閉庁時間を過ぎても居座っています。

　上司は「市民サービスだからXさんが満足できるまで説明しなさい。苦情を処理するのも君の仕事」と言っています。

　どのような対応をしたらよいのでしょうか。

第1章 窓口・総務　Ⅰ　窓口対応

> **ポイント**
> ① 苦情とクレーマーのクレームの区別は何か。
> ② 執拗な質問に対してどのように対応するか。
> ③ 納得できる説明が可能か。

■回答

1 苦情とクレーマーのクレームの区別

(1)　Xさんの申し入れは、「苦情」ではなくクレーマーの「クレーム」です（区別については、第3編　資料1「クレーマーチェックシート」参照）。

住民からの相談については、住民の様々な悩みを聴取し、住民の問題解決に寄与し、もって住民生活の向上をはかるという福祉政策の側面と住民の声を行政に活かすという住民主体の行政という民主主義、国民主権にも繋がる性質を有します。各地の市町村で市民相談窓口を設け、市民の様々な悩みについて総合的に対応しているのもその実現の一例です。

そこでの相談は、住民から日々の苦情、役所における窓口対応のみならず多重債務者サラ金問題、児童の虐待、夫婦間の暴力（DV）、高齢者問題など、法律問題のみではなく、住民の福祉という行政の援助・支援なくしては到底解決できない問題ばかりです。「住民からの相談」は住民生活にとって不可欠の存在であることはいうまでもありません。

住民本位の満足こそ行政サービスの核心と言われ、窓口業務のみならず、地方公共団体の職員において、従来の権威的な公務員から、サービス業としての公務員への転換を求められる傾向が強く、市民サービスとして市民の満足を得るよう窓口対応・市民相談の対応の性格が変化しているのが現状です（（参考）一般社団法人日本経済団体連合会企業行動憲章（2010.9.14改訂。お客様は神様））。

(2)　相談窓口担当者としては、相談者の相談について、真剣に聞かねばならず、まずもって市民が困窮困惑しているといった前提で親身になって相談にのります。しかしながら、相談者は全てが困窮困惑しているとは限らず、また、困窮困惑しているからといって必ずしも高潔な人物でもなく、自らの違法な目的を秘し、又は、隣人のみならず、紛争の困り事の原因となる人物又は、相談

担当者等他人の苦痛のみを目的とすることがあります。本事例についてはどうでしょうか、Xさんは従前から様々な質問を市民相談窓口にしています。いずれも「自己の権利とは関係のない質問のための質問」であり、市民窓口を自分の興味に利用しているに過ぎません。しかしながら、相談担当者にとっては、「全て住民」であり真摯に対応しなくてはなりません。ここに住民サービスとクレーマー対策は窓口では区別できない悩みがあります。そしてこれが不当要求行為者としてのクレーマーの強みでもあります。

(3) では、Xさんの目的・真の要望は何でしょうか。固定資産税の減額という経済的目的（経済的クレーマー）もあることは間違いないようですが、従前の「部長を呼べ」「土下座しろ」「満足するまで帰らない」等、質問・窓口訪問の態様からして、それだけではないと考えます。目的は「他人の苦痛」「職員の困惑」であると推測することが自然です。自分の言動等行為により苦しむ姿を見て優越感に浸り、自己の存在感を確認するという人格であると推測されます（人格障害者的クレーマー）。経験上、このような人物に土下座をした場合、実に悲惨です。これこそが彼らの欲望であり、喜びを感じるために、無限に担当者、上司に土下座をさせることになります。Xさんの「俺は町内会長だ。お前ら市職員の面倒みているのは俺だ」との言動からして、自分は他人より優越した立場にあると確信しているため、経済的クレーマーと異なり、経済的合理性は通用しないことを肝に銘じなければなりません。ましてやXさんに対する説明として「満足・納得できる解決」は不可能です。人格障害者タイプの目的は「うっぷん晴らし」です。彼らが満足しない限り永久に要求は続くと考えるべきです。上司の指示は明らかに現実を見ていない誤った指示であり、不可能です。

(4) 更にXさんの行動を検討してみましょう。通常のクレームとXさんの行為はどこが異なるでしょうか。クレーマーの要求内容を含めた行動について、一般顧客と差異がある点は「社会的相当性」の基準に違反する行為です。Xさんは「部長を呼べ、納得できるまで帰らない」「総務部長が土下座しない限り居座る」と言って閉庁時間を過ぎても居座っていることから「社会的相当性」を欠き、もはや業務妨害行為です。要求は全て拒否すべきです。対策としては警告の上、不退去、業務妨害罪で警察に通報し、被害届を提出すべきです。後日警告書を市役所から通知することも忘れないでください。

なお、現場の説明は「自宅は改修されていることから建築基準法第6条記載のとおり事前に建築確認申請が必要であり、確認申請書記載のとおり、建物の現状見直しによる固定資産税が増額されたにすぎない。全て法規に則った措置である」と形式的回答に止めるべきです。クレーマーに対しては「冷たく優しく丁寧に」です。

2　Xさんの執拗な質問に対する対応

（1）　クレーマーの目的は何かと言えば、経済的要求と、精神的自己満足です。

（2）　クレーマーとは何か、クレーマーの属性は何かと言えば、クレーマーは行政の平穏な業務遂行と対峙する住民の顔を持った不当要求行為者であり、暴力団から主婦まで、その属性に限界・限定はありません。

　「住民サービス」「納税者・住民・主権者・福祉の対象」「住民は神様である」との行政の方針を利用し、又は行政の住民に対するこのようなドグマ的な信条を利用し、行政の相談窓口担当者の論理構造を逆手にとり、市の意思決定過程に混乱を生じせしめることができ、状況によっては統治能力を利用し大きな利益を得ようとする存在です。

（3）　クレーマー対策の要点は、「住民至上主義」「住民第一主義」よりも上位概念として「住民平等主義」の存在の確認です。行政サービスについては、住民の個性はなく、単なる行政サービスの受給権者たる住民・市民という概念にすぎません。このような近代社会においては、全ての住民をその属性にかかわらず、平等に扱うことこそ必須です。クレーマーの要求内容は、一般住民と異なる要求、すなわち過大・法外な要求をする、又は、紛争解決手段として一般顧客と異なる解決手法、すなわち暴力・脅迫等の威迫行為、行政の組織ルールを無視した行動をします（市長を出せ、市長のコメントをよこせ、などの行政の法的秩序・ルールを無視する行動、例えば官庁への誹謗・中傷もこの範疇です）。すなわち、この「住民平等原則・主義違反」に明確に反する人物です。要求内容と行為態様について、価値評価として社会的相当性の範疇か否かということです。クレーマー対策の事案に沿えば、「住民平等主義基準」「社会的相当性基準」はクレーマー対策の基準として明らかです。対応はクレーマーの本質をみきわめ、毅然として「冷たく優しく丁寧に」で対応することです。

3　納得できる説明は不可能

　クレームとは一般的に「苦情」です。苦情には、例えば、ゴミの収集の方法が悪いとか、生活保護の受給手続について説明がわからないといった市民サービスの欠陥等理由があるものがあります。ところが本事例のように「クレーマー」とはクレームといった行為についてではなく、当該人物の要求行為の態様、要求の内容が問題なのです。ここに、クレームを真剣に「解決したい」「解決しよう」という意欲と使命感がある担当者の陥りやすい「罠」が存在します。

　正直に言って、「クレーマー」に対して、担当者の「善意」「誠意」「努力」といった言葉は全く通用しません。クレーマーは、逆に担当者の「善意」「誠意」「努力」を満足いくまで求めます。納得できる説明は不可能です。

2　窓口対応―市民からの暴力・傷害事件

事例

　私は、A市において生活保護担当の職員をしております。市民Xさんについては、生活保護について相談を受けているところですが、Xさんから申請に必要な書類が出てきません。本日も生活保護の窓口に来られ、「すぐに生活保護手続をしろ」と怒鳴りはじめました。「必要書類をそろえて記載してください。」と申し上げたら、カウンターを越え事務室に侵入し「わからないのか、バカヤロー。」と突然当市の職員を切りつけました。突然のことで、とても阻止はできませんでしたが、切りつけられた職員は幸いにも軽傷でした。本市では最近生活保護の窓口にかぎらず、戸籍謄本交付の住民課、市民税課の窓口で、市民が突然激高し、事務室に乱入し傷害を与える事件が続いています。どうしたらよいのでしょうか。

ポイント

① 激高する住民にどのように対応できるか。
② 予兆はあるのか。
③ 予防策はあるのか。

■回答

1　激高する住民への対応

　警察庁の調査では、一方的な不満や恨みから地方公共団体の職員が狙われる「事件」が後を絶たず、その数が2022年だけで約400件に上り、この5年間で約5倍に増えたとの報告がなされています。その原因については様々な意見がありますが、「不満のはけ口として、身近な市役所等が狙われる」「コロナ禍や不況で困っている人が助けを求めた役所の対応に不満を抱き、その怒りを職員に向けた」とも言われています。いずれにしても職員に対する暴力には警察に被害届を出す、告訴告発する等厳正な対応が必要ですし、組織として予めこのような事態に対してどのような対応をすべきかマニュアル等を整備し、事案について組織的対応が必要とされます。

　本事例と同様の事件は、2013年、2019年神戸市において生活保護の窓口に職員が刃物で切りつけられた他、2022年名古屋市において生活保護を担当する職員に対して突然背中と脚など数か所を包丁で切りつけた事件（殺人未遂懲役8年6か月の判決）が発生しています。

2　予兆はあるか

　Xさんは被害にあった職員に対して突然切りつけています。「不満は募らせていたが、格別担当課、職員とのトラブルはない」と述べています。

3　予防策の是非

　このような背景もなく、かつ、さしたるトラブルがないにもかかわらず凶行に及ぶ人物に対して、いかに対応するか、現場での対応策を考えてみます。

(上記写真撮影対象は事件とは無関係・一般的な受付窓口として紹介)

◆窓口の検討
① 受付のカウンターについてはファイル入れ等「物」が多い。職員に対し投げつけられる可能性がある。→**除去の必要**
② 写真ではわかりにくいが、アクリル板がカウンター上に設置されていることは評価できる。しかしながら、加害者がカウンターを乗り越えて職員に対して暴行を加える可能性を減殺させるためにも、アクリル板を固定すべきである。
③ 問題は加害者に執務室内部に侵入されることである。写真からは職員の出入り口は、写真左下にあるドア一つである。もし刃物を持った加害者が執務室に侵入すれば職員は逃げ場がなくなる。かといって、ドアを構造的に高くし頑丈にすることは、親しみやすい相談窓口としての市役所現場の価値を損ない、市民に対してサービスにも影響があると考える。そこでドア裏側・執務室側に「鍵」を設置し、施錠・解錠を職員で行うことを推奨する。

　以上、まず物理的な現場において、凶行に及ばない職場環境づくりが必要ですが、意外と軽視されがちなのが、従前暴言・脅迫的言辞・暴行があったにもかかわらず、放置したことによる被害の拡大です。次の事例は、暴力を見逃すことによりいずれも大きな被害をもたらした例です。

◆小さな暴力への対処ミスが重大事故を招いた例

① 平成20年○○月○○日大阪府○○市の市役所1階正面玄関にLPガスなどを載せた乗用車が突っ込んだ。○○署は、運転していた無職の男を威力業務妨害容疑で現行犯逮捕した。男性職員が右足に軽いけがを負った。

調べに対し、同容疑者は「妻の福祉に関する相談対応に不満があり、恨みがあった」と供述しているという。

発表によると、車内にガスボンベ3本と灯油のような液体が入った容器3個、液体入りペットボトルに簡易ガスボンベを巻き付けたものがあった。

同容疑者はもみ合いとなった際、ペットボトル1本を車外に投げていたが、発火はしなかった。

市によると、同容疑者は数年前から、介護保険や家庭内暴力のことで市役所を訪れ、暴力的な発言をしたこともあったという。

② 平成22年○○月○○日、○○市の市営団地で、4階に住む男が自宅を訪ねてきた男性の市職員2人に対し、玄関先でいきなり鉈（なた）を振り回した。2人が逃げると、今度は斧（おの）を持って2階まで追いかけてきた。市職員が110番通報し、駆けつけた○○署員が公務執行妨害で緊急逮捕した。

○○署によると、男は50代の無職。「鉈は玄関に置いてきた。市職員を追い返すために振り回した」などと供述しているといい、同署は銃刀法違反容疑などでも調べる。

市職員らはこの日、「（男に）自転車を蹴られたため注意してほしい」という他の住民からの苦情を受けて男性宅を訪れた。話を切り出す前に、いきなり男が鉈を振り回したという。男は過去にも複数回、団地内でトラブルを起こしたことがあるという。

③ 平成22年○○月○○日○○地方裁判所は、平成22年○○月○○日○○時ごろ○○市職員に対して、職員の自宅において、果物ナイフで首を突き刺し傷害を負わせた被告人に対して、傷害罪等で懲役1年2か月の実刑判決を言い渡した。

被告人は同人所有の土地を駐車場として賃貸していたところ、市が年度末までに契約の更新を行わず、年度を超えた4月に契約更新を行ってきたこと、まわりの賃貸人とは違って自己の賃貸料だけ値上がりしていないなどと邪推

し、平成22年〇〇月上旬、市文化会館に赴き同館長をなぐりつけ、その後、本件の被害者らから謝罪の訪問を受け、賃貸借契約を締結したが、その後、発見された古い賃貸借契約書から父の代から賃料は毎年増額していると思い込み、犯行に至った。

犯行態様は被害者が被害者宅を訪問してきた被告人を招き入れる際生じた。

④　平成25年〇〇月〇〇日〇〇市役所本庁に男が納税相談のため訪問した。男は突然、声を荒らげ、激高し「俺の人生めちゃくちゃや。俺の答えはこれや」と火炎瓶を投げ付けた。これにより火災が発生した。市庁舎の一部が火災により損壊、職員数名が負傷した。男は従前より固定資産税を滞納していたが、前年の平成24年〇〇月〇〇日市税収納課を訪問した際にも「俺は一回死んだ。俺よりももっと酷い目に遭わせたる。おまえらの家族も覚えておけ」と怒鳴った。男は建造物侵入・現住建造物等放火・殺人未遂、そして平成〇〇年〇〇月の市職員に対する害悪の告知を行い職務を妨害したとして公務執行妨害に問われ、懲役18年の判決が下った。

このような暴行傷害事件に限らず、暴言等の不当要求行為に該当する行為があれば、小さな行為と独自に判断するのではなく直ちに警告するように努め、厳正な対応をなすことが「暴力のはけ口としての職場」を回避するために必要な行動と考えますので、ぜひ検討してください。

3　市民からのクレーム

> **事例**
>
> 私は、A市交通局の職員をしております。市の地下鉄工事について、本日、市民と名乗る人物から「受注業者A社の下請けB社が地下鉄工事の土砂の搬出の際、積載量を超えて、土砂をトラックで運んでいる。しかも工事の残土であるから、投棄の場所についても産業廃棄物として許可を受けた処理場に運ばなくてはいけないのに、道路脇の空地（市有地）に積み上げている。廃棄物処理法違反ではないか。法令違反だ。市として、3日以内に文書ないしホームページ上でどうするか回答せよ」と市役所に何度も電話

をかけてきたほか、当市のホームページ上の市民相談窓口のコーナーに投稿してきました。さらに交通局局長と市長に見解を求めてきました。どうしたらよいでしょうか。

> **ポイント**
> ① 受注業者に対する市民の苦情についての対応
> ② 法令違反との市民の苦情に対する回答法

回答

1 受注業者に対する市民の苦情対応

氏名不詳の人物からの苦情らしき言動に対しては原則対応する必要はありません。なぜならば、その言動そのものが真実か否か市としては確認のしようがないからです。

「受注業者A社の下請けB社が地下鉄工事の土砂の搬出の際、積載量を超えて、土砂をトラックで運んでいる。しかも工事の残土であるから、投棄の場所についても産業廃棄物として許可を受けた処理場に運ばなくてはいけないのに、道路脇の空地（市有地）に積み上げている。廃棄物処理法違反ではないか」との申出について検討しましょう。

2 法令違反との市民の苦情に対する回答

まず、「土砂の搬出の際、積載量を超えて、土砂をトラックで運んでいる」との事実を確認できるのでしょうか。積載量については当然目視では判別しがたい事実です。それを積載量違反と判断する根拠は何か不明です。しかも氏名不詳の人物であり、確認することはほぼ不可能です。加えて「受注業者A社の下請けB社」の行為が違法行為であるとの主張についても、はたして違法行為が起きやすい状況にあるのでしょうか。公共工事の受注業者A社としては、公共工事請負契約の際、工事現場管理について当然市作成の仕様書記載のとおり管理しなくてはならず、違法行為が生じないよう責任を負わされています。ましてや地下鉄工事のように大規模工事の場合、土砂を運搬搬出する車両の積

載量、工事現場で土砂を搬出するための建設機械の作業搬出能力についても規定されている場合があり、元請けA社の現場管理上の問題が生じることは考えにくいことです。ましてや一時的な残土の留め置き限度を超えた廃棄ともなれば、A社の法的な責任も生じ、A社としては指名停止の処分がなされる可能性もあります。他に同様の苦情が寄せられていない時、前記のような市民と称する苦情らしき言動に対しては、冷静に対応すべきです。軽々にホームページの投稿上のアドレスに対して回答することは避けなくてはなりません。本事例の苦情は匿名性及び根拠のない申出から、業者A社・B社に対する業務妨害の可能性もかなりあります。

　結論からいえば無視することです。なお市民向け意見苦情等の投稿については、投稿上の規制ガイドラインの制定が必須です。匿名の禁止、誹謗中傷、業務妨害の禁止、事案によっては投稿者が投稿内容について第三者から責任を問われること、市としてはホームページ上で被害を受けた第三者に対して情報の開示をなす場合がある等です。

　なお、メールアドレス、電話番号から発信者の特定は可能です。

4　インターネット上の書き込み―人権侵害

事例

　私は、A市福祉部生活保護課の職員をしております。市民Xさんが窓口を訪れ、「匿名掲示板に『Xは生活保護の受給者で、のうのうとして仕事もせず、夜遊びざんまい、税金泥棒だ。虚偽申請をしている。しかも夜遊びからコロナウイルスに感染して入院していた。こんなやつをどうして税金で生活の面倒をみるのだ』とのインターネット上の書き込みがあった。市役所の誰かが情報を漏らしたのではないか。人権侵害だ。どうしたらよいのだ」と怒鳴りこんできました。
　市としてはどのような対応をしたらよいのでしょうか。

ポイント
① 市民の情報が漏洩した疑いがある事例—被害者と称する市民
② 市民のプライバシーがインターネットにより侵害された場合の市民に対するケア

■回答

1 市民の情報が漏洩した疑いがある事例—被害者と称する市民

　担当職員、部署においては、地方公務員法上、職員は職務上知り得た秘密を漏らしてはならない、との秘密を守る義務があり、その違反には罰則が科せられていること（法34条・60条）からも、市民Ｘさんの情報が担当部署から漏洩する可能性が少ないことを説明し、理解を求める努力をすべきです。しかしながら、市民Ｘさんとしてはどうして自分の情報が漏れたのか、掲示板への書き込みは誰が行っているのかが判明しないかぎり、納得しがたいし、名誉の回復という法的問題も生じる可能性があります。市民Ｘさんの疑念を払拭するためには、市の担当としては法テラス等弁護士に相談し、法的救済の可能性を教示することが望ましいと言えます。

　そもそも、生活保護は生活に困窮する者であり、その利用し得る資産、能力その他あらゆるものを、その最低限度の生活の維持のために活用することを要件として行われます（生活保護法4条1項）。すなわち、生活に困窮する者に対して行われる制度であり、健康で文化的な最低限度の生活を保障するとともに自立を助長することを目的とする制度です。しかしながら、生活保護受給者に対する社会の評価は「怠け者」等の誹謗中傷がなされ、決して制度の趣旨を理解したものではありません。そのために生活保護の受給の申請ができず、困窮の末、命を失うという痛ましい事件が起きていることも事実です。市民Ｘさんが社会に置かれた立場を理解すれば、単に窓口での対応のみでは事足りません。

2 市民のプライバシーがインターネットにより侵害された場合の市民に対するケア

　本事例の場合、「生活保護制度」そのものに社会的評価を低減する否定的な意味があるかないか疑問が出される場合があります。しかしなから「夜遊びざ

んまい」「虚偽申請をしている」「夜遊びからコロナウイルスに感染して入院していた」との表現はあきらかにプライバシーの侵害、名誉を毀損するものです。生活保護の要件も厳格であり、生活上の義務を課せられ（生活保護法60条）、生計上の状況の変動があった時は届出義務を課せられ（同法61条）、資力がある場合には返還義務が生じることもあります（同法63条）。さらには不実の申請による保護を受けたときは罰則が科せられている（同法85条）ことからも、明らかに虚偽の事実を述べ名誉を毀損する表現と言えます。

市民Xさんに対しては、個人の権利が侵害されていることを説明し、弁護士に相談する等法的救済により名誉の回復をはかることを教示すべきです。匿名による投稿であっても発信者情報公開請求制度により発信者の特定を行い、民事・刑事による法的手続が可能です（情報流通プラットホーム対処法参照）。その旨教示することも必要と考えます。

5 窓口業務に対するクレーム

> **事例**
>
> 私は、A市市民課の職員をしております。市民Xさんが、住民票の交付を求めたいとのことで、交付用紙に必要事項の記載をお願いしましたが、ご本人の住民票の交付ではないため、戸籍の表示はできない旨申し上げたところ、突然激怒し、当課職員に対して「馬鹿野郎」「税金泥棒」「差別だ」と1時間以上怒鳴りまくり、閉庁時間の午後5時を過ぎても市役所の1階ロビーのソファーに居座っています。当日は全く職務ができず、当課の職員が退庁できない状況にあります。この場合の対応方法を教えてください。

> **ポイント**
> ① 窓口における困った住民の対応方法
> ② 住民の居座り等への対応
> ③ 施設管理権の捉え方

■ 回答
1　窓口における困った住民の対応方法と施設管理権の捉え方
　市役所側は庁舎に対する施設管理権を有していますので、この施設管理権に基づいて退去を求めるべきです。

　この点、施設管理権をどのように捉えるかについては、①市役所等はオープンスペースであり、他の市民の迷惑となったり、業務に支障が出るような場合を除き、閉庁時間にならないと退去を求めることができないなどとして管理権限を狭く捉える考え方と、②市役所等は通常は市民の立入りについて包括的・概括的に承諾をしているため、自由に出入りが行われているが、管理権者がその承諾を撤回すれば、職務時間中であっても随時退去を求めることができるなどとして管理権限を広く捉える考え方、の2通りの考え方があり得ます。

　しかし、いずれの考え方に立ったとしても、閉庁時間後も庁舎内に居座り続けるといった本事例のようなケースでは、問題なく退去を求めることができると考えられます（なお、あらかじめ管理規則等により、個別に管理権者を定め、退去を求めることができる場合を列挙しておけば、より基準が明確となって望ましいと思われます。）。

2　住民の居座り等への対応
　このように施設管理権に基づいて退去を求めることが可能であるとしても、むしろみなさんが頭を悩ませるのは、その具体的な方法についてではないでしょうか。

　この点、退去を求めるためにどのような方法が効果的であるかについては一概には言えず、ケースバイケースと言わざるを得ませんが、一般的には、まず管理権者が、明確に退去を求めたうえで、相手方がそれに応じない場合には、刑法上の不退去罪や業務妨害罪に該当することがあり得る旨を伝えるという手順を踏むことが多いでしょう。そのうえで、一定の制限時間を区切り、その時間内に退去しない場合には実際に警察に通報して退去を強制してもらうという方法があります。管理権者は1人だけで退去要求を伝えるのではなく、必ず他の職員とともに複数で相手方に対応すべきです。

　他の言い方としては、例えば、少し間をあけて、3回退去を求めるとともに

警察通報の警告をし、3回目の「最後の警告です。退去してください。それでも退去しない場合には本当に警察に通報します」にも応じない場合には、実際に警察に通報するという方法もあります。

何よりも、このような場合にどのような対応をするのか、あらかじめ庁内で対応方法を決めておくことが肝要です。

同様の事例で退去を数回求めても相手方が対応しない場合、施設管理権に基づき相手方の言動を録音・録画した事例があります。録音・録画、写真撮影は警察に対する被害届のみならず、警察への相談を行う場合も有力な証拠となります。

〈現場における具体的対応要領〉
～クレーム対策実践編（窓口）～
〔具体的事例から、現場においてどのように対応するか。〕

◆困った市民・市民のご意見番に対する対応

6　自己の地位を誇示しクレームを申立てる

Q 某大学の教授と称するXなる人物が教育委員会事務局に突然あらわれ、○○中学のいじめ事件について「いじめについての第三者委員会を設置すべきである。委員・調査員については公正な選任手続がなされるべきである。公平性を証明することが必要だ。これは私の専門家としての貴重な意見だ。尊重しなくてはいけない」と言われました。このような場合はどうすればよいのですか。

A 「第三者委員会を設置するか否かは当市の判断です。設置する場合においても当市の責任において第三者委員会を設置します。委員・調査員の選任についても事案に鑑み、専門家を選任します。ご意見は参考にさせていただきますが、これ以上お話はできません」と回答します。

第三者委員会の設置については「いじめ」問題等学校事故に限らず、学校設置者の判断となります。

本事例の場合のように「いじめ」問題の当事者でない者が担当部署にあらわ

れ、自己の専門的意見を縷々述べ、自己の意見を採用するように求める例は多々あります。そもそも事案の解明の責任は教育行政を行う者にあることから、Xと称する人物の言動は責任のあるものではなく、単に自己顕示のための言動と判断し、簡潔に回答し、それ以上答えない方針がベストです。しかも現場ではXさんについて、その人物を正確詳細に確認できないことから軽々に対応すべきではありません。特に身分について「大学教授」という肩書を用いていることから、当該人物は自分が特別な扱いを現場窓口で受けることを当然と考えているとも推察できます。格別丁寧な扱いはXさん本人の自己顕示欲を満足させるものにすぎないので、簡潔に形式的に回答することが望ましいと考えます。

7 自己の社会的地位、背景にある組織・役職を誇示しクレームを申立てる

Q 前問の某大学の教授と称するXなる人物が教育委員会事務局に再度あらわれ、「自分は大学内部でパワハラ・セクハラ・いじめ防止調査会を設置し、その委員長の職にある。今回は教授・学者の立場ではなく、大学内部の組織の委員長として意見を述べる。第三者委員会の報告書・提言書に疑問があるので、速やかに市民に公開しろ。速やかに公開しないと、いじめ問題について市民の信頼を得ることはできない。そもそも報告書、提言書は全面開示されるべきものであり、開示しないということについて合理的正当な理由が必要である。この私の意見は最高学府の教育に携わる者としての社会的責任である。速やかに回答しろ。しなければ学会、大学の会議、又は私の関与する団体で市の隠蔽体質について責任を追及する組織を立ち上げる」と言われました。このような場合はどうすればよいのですか。

A 明らかに、自己の権威を示し、自己の権威のもとに担当職員・市の教育行政をひれ伏させ目的を達成しようとする言動であると判断すべきです。Xさんは当初は「教授」、今回は「委員長」と地位を変え、権威が自己にあることを顕示し、しかも大学以外にも自己の権威が及んでいることを示し、圧力

をかけ、市の担当者、担当部署では及びもつかない権威であることを示しています。これは典型的なクレーマーです（第3編資料1「クレーマーチェックシート」参照）。慎重な対応が必要であり、相手方Xさんの要望に軽々に応じることはXさんの主張する権威を認めることになり、次の要求がなされる可能性が高くなります。そもそもXさん本人について自己の権威を示す以外、本件問題について利害関係があるのでしょうか。また被害者の状況についてもその言動は責任が取れる案件でしょうか、すこぶる疑問です。

　本事例の場合、「いじめ被害者・加害者双方に事情聴取した報告書・提言書であり、事実関係についても当然裁判手続を経ておらず、法的に確定した事案ではありません。被害者の心理状況に配慮した結果、すべて公開はできません。現時点では第三者委員会委員長が記者会見で報告した以上はお答えできかねます」と回答すべきです。

8　背景の組織・肩書きを利用し、自己の主観的規範規則を押し付ける

> **Q**　前問の場合、市が「いじめ被害者・加害者双方に事情聴取した報告書・提言書であり、事実関係についても当然裁判手続を経ておらず、確定した事案ではありません。被害者の心理状況に配慮した結果、すべて公開はできません」と書面にて速やかに回答したところ、前問の某大学の教授と称するXなる人物が、再び今度は某大学パワハラ・セクハラ・いじめ防止調査会委員長の肩書きで再度教育委員会事務局を訪れ、「このような簡単な理由で第三者委員会報告書・提言書の開示を拒否することが、「いじめ」問題について、真剣に検討しているとは思えない。とても正当で合理的な説明ではない。今一度誠意ある回答を求め、申し入れに及ぶ」との申入書を持参しました。申入書には某大学パワハラ・セクハラ・いじめ防止調査会委員長Xとの記名捺印もあります。
> 　このような場合はどうすればよいのですか。

A 一切回答しないでください。

「真剣に検討しているとは思えない。とても正当で合理的な説明ではない。誠意ある回答を求める」との言動は、Xさんがいじめ事件の当事者関係者でもなく、自己の権威を示し意見を述べる存在にすぎません。

そもそも言動として「真剣に検討しているとは思えない。正当で合理的な説明ではない。誠意ある回答」と主観的な要求を繰り返しているにすぎず、「加害者・被害者からの事情聴取記録」「いじめの被害者の感情と教育行政の配慮義務」という客観的事実を無視した言動であり、質問には質問が繰り返される可能性が高く、正常な業務ができない可能性があります。明確に無視すべき案件です。とくに本事例の場合「正当で合理的な説明」との主張については、何が正当で合理的かは規範の存在が必要です。市の対応は「被害者及び当事者の保護」「教育行政の保持」という目的に沿うところ、Xさんの内心（独善）で規範規則をつくり、それを根拠に「正当で合理的」との主張です。このような人物は自ら規範を作出することから、納得できるまでの説明は不可能に近くなります（逆に納得できるまで説明を求めるという行動をとる）。

※参考　DSM－Ⅳ－TR（自己愛性パーソナリティ障害）
① 自己の重要性に関する誇大な感覚
② 限りない成功・美しさにとらわれている
③ 自分は特別
④ 過剰な賞賛を求める
⑤ 特権意識
⑥ 対人関係で相手を不当に利用する
⑦ 相手方の気持ちを認識しない
⑧ 他人に対する嫉妬
⑨ 尊大で傲慢な対応

本事例ではXさんの肩書きの利用、要求そのものが「いじめ」被害者の心理を考慮したものではなく、自己の意見の満足にすぎないこと、要求を実現しようとすることによる教育委員会事務局担当者への業務の阻害を全く考慮していない事案です。

プライドが高い人物であることから、対応は丁寧に、対応記録に録音等は必須です。

第1編 基本編

◆迷惑ユーチューバー対策

9 庁舎内における制止を聞かないユーチューバーによるビデオ撮影・録画

> **Q** 本日、当市の複数の窓口に「○○市正義のユーチューバー」と名乗るXさんが押しかけ、当市役所本庁舎内で「市の職員は不正をするな」「税金泥棒に気をつけろ」「ユーチューブで公開」と、撮影をしています。当市においては庁舎管理規則を定め、庁舎内はビデオ撮影禁止と張り紙等で警告をしています。職員もXさんを制止していますが、撮影を止めません。どうしたらよいのでしょうか。

A Xさんの行動を阻止すべく、職員数人でXさんを取り囲み、ホワイトボードでカメラの視界を遮断するとともに、退去を求めるべきです。そして庁舎内からも退去を求めるべきです。「撮影を止めて庁舎内から退去してください」と述べ、Xさんの行動を撮影してください。

　一般論として庁舎管理権に基づいて、撮影・録画を禁止することができます。ビデオ撮影・録画の場合、行為者が写そうとした対象以上に周辺の背景までも画面内にとりこむことになることから庁舎内の資料、来庁者の姿を無差別的に溶け込む危険性が高く、また来庁者の姿を無断で撮影・録画することになれば、住民が必要に応じて庁舎を利用する自由を制限するとともに、違法な個人情報の収集にもなりかねません。「ビデオ撮影・録画については事前の許可を必要とすること、庁舎の執務及び来庁者の個人情報の保護に支障が無いときは許可することできる」とする規定があるならば、本事例のような庁舎管理者の指示、説得を無視し、ビデオ撮影・録画を強行した場合、どのような対応がとれるかですが、ビデオ撮影・録画により庁舎内の職員の執務、来庁者の個人情報の保護に支障があると判断される場合には、撮影者・録画者が庁舎内に立ち入ることを禁止するとともに、すでに庁舎にいる場合には、一定の場所への立ち入りを禁止し、庁舎外に退去させるべく、ある程度の有形力の行使は可能であると判断できます。ただし有形力の行使は緊急性がある場合、混乱を収拾させる場合に限り可能であると考えます。いずれにしても警察の協力は必要であ

り、警告しても退去しない場合は不退去、立入禁止場所への立ち入りがなされた場合は住居侵入、当該人物が騒ぎ具体的に業務を妨害したときは威力業務妨害で被害届を提出し、刑事的対応をすべきです。

10 庁舎内におけるユーチューバー、自己の撮影が正当であると主張するビデオ撮影・録画

> **Q** 庁舎内から「○○市正義のユーチューバー」を名乗るＸさんを退去させようとしたら、「知る権利の侵害だ」「憲法違反」「回答しろ」と質問してきました。どうしたらよいのでしょうか。

A 知る権利の侵害にはあたりません。言いがかりです。回答は「知る権利の侵害にあたりません」「裁判（国賠）を起こしても負けますよ」「退去してください」です。

確かに動画撮影行為は公務の実施状態を知ることができるという点では知る権利としての側面があると言えますが、その行使は無制限ではなく、秘密保持のために撮影対象の文書を撮影されないようにしなくてはならず、現にＸさんにより、来庁者とのトラブル防止のために職員に負担が強いられてきたこと、職員に不正行為を行っている証拠がないこと、不正を監視するというより職員を挑発・嘲笑すること自体に主眼が置かれていたことから、同様の裁判例においても、Ｘさんという人物の行為を禁止しました。

第1編 基本編

Ⅱ 総　務

〈具体的事案の解決事例〉

11 ビラまき

事例

　私は、A市市民課の課長をしております。当市の市民Xさんが、先日住民票の交付についての不満から、市庁舎内に居座り、退去を求めたという事件がありましたが、その際の当市の対応に一層の不満を持ち、ここ数日当市役所1階ロビーにて、「市長の馬鹿野郎」「市民課長は税金泥棒」「市民サービスは嘘八百」「市民課職員はやめさせよう」「不当差別を受けたX」と書かれた、市民報と題するビラを数百枚配布しております。おかげで友人・同僚からも笑われ、職場でも自宅でもいたたまれない気分です。この場合の対処法を教えてください。

ポイント
① **市職員に対する誹謗中傷**
② **施設管理権とビラまき**
③ **法的対応の検討**

回答

1　市職員に対する誹謗中傷、施設管理権とビラまき（ビラまき中止及び退去要求）

　本事例においても、市役所側は庁舎に対する施設管理権に基づいてビラまきの中止を求めることができますし、当然求めるべきです。

　明確にビラまき行為の中止及び庁舎からの退去を求め、相手方がそれに応じない場合には、警察に通報すべきであると考えます。

　特に本事例のような場合には、不退去罪や業務妨害罪に該当し得ることはもちろんのこと、ビラの具体的内容によっては、名誉毀損罪や侮辱罪等が成立す

る可能性も十分にあると思われますので、警察に対する被害届・刑事告訴等も検討する必要があります。

2　法的対応の検討
(1)　仮処分
Xさんが何日にもわたってビラまき行為を続け、業務妨害・名誉毀損行為が継続するような場合には、裁判所に対し、業務妨害の禁止等を求める仮処分の申立てを行うことも有効な対処方法となるものと思われます。

(2)　職場の一体性
いずれにせよ、役所が一体となって毅然とした態度を示すことこそが最も重要であることは疑う余地もありません。

その意味で、「友人・同僚からも笑われ」などという職場の一体感がない事態は大変心配です。対応にあたっている一担当者の問題としてではなく、職場全体の問題として対応を検討し直すことから始めてみてください。

(3)　**市役所前の路上でビラまきをしている場合**
施設管理権に基づいてビラまき中止を命令することはできません。

しかし、ビラの具体的内容によっては、名誉毀損罪や侮辱罪等が成立する可能性も十分にあると思われますので、警察に対する被害届・刑事告訴等も検討する必要があります。

また、業務妨害・名誉毀損行為が継続するような場合には、裁判所に対し、業務妨害の禁止等を求める仮処分の申立てを行うことも有効な対処方法となるものと思われます。

12　施設管理・駐車場のトラブル

> **事例**
>
> 私は、A市総務部営繕管理課の課長をしております。当課は市役所庁舎及び市役所庁舎敷地内の駐車場等の当市施設の維持管理の任にあたっております。本日市役所庁舎駐車場内で自動車が正面衝突する事故がありました。事

第1編 基 本 編

> 故の原因は当事者車輌の一方が、駐車場の一方通行の表示ならびに進入禁止の標識を無視し、進行したためですが、被害者が事故の原因は市役所の駐車場の管理が不十分であるとして、「責任を市がとれ。とれないなら、課長のお前が迷惑料を支払え」と怒鳴ってきました。どうしたらよいのでしょうか。

ポイント
① 市の施設内での市民間トラブルにおける市の責任
② 市民が市の責任を追及した場合の対応

■ 回答

市には責任がないこと及び迷惑料の支払いはしないことを内容証明郵便で明確に伝える、相手方の要求が続くようであれば面談強要禁止の仮処分を裁判所に申立てる等の方法が考えられます。

1 市の施設内での市民間トラブルにおける市の責任

(1) 市の責任

市役所庁舎駐車場内で市民が運転する自動車同士が事故を起こした場合、市が責任を負うべきかが、まず、問題となります。

国や公共団体は、公の営造物の設置又は管理に瑕疵があったために他人に損害が生じたときは、損害を賠償する責任があります（国家賠償法2条1項）。

「公の営造物」とは「広く公の目的に供せられる物的施設」（東京高裁昭和29年9月15日判決・高等裁判所民事判例集7巻11号848頁）を言いますので、本事例の市役所庁舎駐車場も「公の営造物」にあたります。「営造物の設置又は管理」の「瑕疵」とは「営造物が通常有すべき安全性を欠いていること」（最高裁（1小）昭和45年8月20日判決・判例時報600号71頁）を言います。

相手方は駐車場の管理が不十分であると言っていますので、相手方の主張が正しいかどうかを調査し、駐車場の管理が不十分で、駐車場として通常有すべき安全性を欠いているような事情がある場合に限り、市が責任を負うべきことになります。したがって、そのような事情がない場合は、市には責任がないことを相手方に対し明言すべきです。

(2) 公務員個人の責任

それでは、公務員個人が責任を負うのでしょうか。

前述のように、駐車場の管理が不十分で、駐車場として通常有すべき安全性を欠いているような事情がある場合は市が責任を負います。

しかし、このような場合で、公務員個人に営造物の管理等に過失があったとしても、公共団体のみが被害者に対して責任を負い、公務員個人は責任を負わないと考えられています（最高裁（3小）昭和30年4月19日判決・最高裁判所民事判例集9巻5号534頁、国家賠償法1条に関する判例）。

以上により、課長であるあなたが迷惑料を払う必要はありません。

2 市民が市の責任を追及した場合の対応

したがって、本事例でもその旨を相手方に伝え、迷惑料の支払いを断固拒絶すべきです。それでも迷惑料を支払うように脅迫等をしてくる場合には、恐喝罪等を理由に警察に刑事告訴するとよいでしょう。

たとえ低額であっても、その場しのぎで金銭を払ってしまうと責任を認めたことになりますし、不当な要求でも支払に応じる人間だと思われてしまい、さらにゆすられたり、違法行為の手伝いをさせられたりするおそれもあります。

13 人事への介入

> **事例**
>
> 私は、X市総務部人事課の職員です。職員のコンプライアンスの確保、市民からの職員に対する苦情等の申出を総括的に担当しています。本日Yさんという市民の方がお見えになり、以下の苦情を申立てました。「生活保護の申請をしたのだが、窓口の担当のZはまともに私の話を聞いてくれない。資産がどうの家族構成はどうなっているのか等、関係のない話ばかりをする。そのうち国民健康保険料は納付しているかと話がずれるばかりか、申請書をとりあえず交付してくれと頼んだら質問に答えてください。申請書をよく読んでください。と横柄な態度をとった。こんなサービス精神が足りない職員は生活保護の窓口には不適当だ、申請書を読め、読めば

第1編　基　本　編

> わかるとは、ばかにした態度だ。差別的人間は職員としてクビにしろ」と申立てました。次いで私からZ及び生活保護担当の役職者に状況を聞いたところ「窓口にある書類を投げる。事務室に押しかける。課長に詰めよりZをクビにしろと怒鳴る。申請書はお前らが書けと怒鳴る」とのことでした。本日も当人事課に押しかけ、「Zに対して懲戒しろ。クビにしろ。俺にあやまれ、明日も来る」と1時間以上怒鳴っていきました。対応を教えてください。なお「ZにYさんに謝罪させて、穏便に済ませよう」という意見も現場等課内にはあります。

ポイント
① 謝罪の有無
② 地方自治法と地方公務員法
③ 人事異動の強要と職員に対する誹謗・中傷

■ 回答

1　職務専念義務

　結論として、Yさんに対する謝罪も必要ありませんし、職員Zに対する処分も必要ありません。

　地方公務員法1条は目的として、公務員の人事行政に関する根本基準を確立することにより、地方公共団体の行政の民主的かつ能率的な運営及び事業の確実な実施を保障し、もって地方自治の本旨の実現に資することを目的としています。他方職員については全体の奉仕者として公共の利益のため勤務し職務に専念する義務がある（法30条）としています。

2　人事異動の強要と職員に対する誹謗・中傷

　職員の人事評価は公正に行われなければならず（法23条）、職員の分限及び懲戒については公正でなければならず、法律又は条例に定める場合でなくては、意に反して降任降格降級等の人事上の不利益な扱いをされることはなく、懲戒処分を受けることはない（法27条等）と規定されています。Z本人に何らかの非違行為は認められず、「申請書をよく読んでください」という対応は通常必

要な対応です。Yさんへの質問・対応は申請手続についての通常の対応ですので、何ら非違行為とは認められないので、人事上不利益を受ける理由はありません。Yさんの「Zに対して懲戒しろ。クビにしろ」との要求については権限もなく、不当要求にほかなりません。

「サービス精神が足りない」との主張も、Yさんの主観的な主張にすぎず具体的理由はありません。特に「差別的人間」との主張も具体的事実の裏付けがなく単なる「誹謗・中傷」にすぎません。むしろ「職員に対して申請書の記載を求める」こと自体不当要求行為であり、「居座り」は社会的相当行為を逸脱する不当要求行為そのものです。

Zは公正に職務を行っていることから、Yさんの要望には全く応じられないと回答すべきです。

14 情報漏洩

> **事例**
>
> 私は、X市総務部の職員です。危機管理・情報管理の職務を担当しております。本日当市が管理している市民文化会館の事務長から、「令和6年3月1日から令和6年3月31日までの市民文化会館利用申込書50枚を紛失した」との連絡がありました。利用申込書には個人の場合は、①申請者の住所・氏名・電話番号が、団体の場合は、②申請者の名称・代表者の住所・氏名・電話番号が、そしていずれにも③会場使用の目的、④人数、⑤使用時間が記載してあります。
>
> 申込書があるとしても、全てが会館利用について許可された申込ではありません。会場の利用都合・使用目的が営業と見なされる場合は不許可としてその理由も記載してあります。どのような対応をすることがよいのでしょうか。なお、情報漏洩の被害について現在報告はされていません。

ポイント

① **情報管理の基礎**

（ⅰ）情報の分類（なかなか難しい）、（ⅱ）分類による重要度の決定、（ⅲ）ラン

クを決定された情報についての管理基準の設定、(ⅳ)利用・管理方法の決定、(ⅴ)アクセスについての検討
②　情報漏洩対策
(ⅰ)文書管理規定のほかに、(ⅱ)漏洩防止と漏洩の危機管理を含めた総合的な情報管理規定の制定の必要性

■ 回答
1　情報管理の基礎

（1）　地方公共団体では、住民の様々な情報に接触し集積することがあります。住民票・戸籍の部署においては個人の家族構成・出生・死亡・結婚等の身分関係、課税部門においては個人の収入・財産状況、福祉部門においては生活保護・介護認定等生活の状況から個人の健康状態、教育委員会においては児童・生徒の成績、学校生活の状況、建築部門においては住居の構造等です。おおよそ市民の全般にわたる情報が集積され、その量及び質は金融機関等の民間企業の追随を許しません。個人情報保護法により、個人情報の管理はされているところですが、今後の地方公共団体における住民サービスの質的・量的向上をめざすためにも、さらには総合的な政策を行うためにも、IT化による行政事務の効率化のためにも地方公共団体の集積した情報の積極的かつ効率的な運用が望まれるところです。

　しかしながら、集積された情報について個人のプライバシーの観点から質的な差異があり、おおよそ公開が望ましくない情報（例：前科・前歴）から、行政的な見地から横断的に利用されることが望ましい情報まで多岐にわたります。ところが行政事務についてIT化が進む中でも情報の分類（個人の権利と行政の必要性の双方からの価値判断による分類）、利用、アクセスの制限、管理の方法、情報管理者の選任、漏洩についての対策について、総合的な対策が不十分なきらいがあります。

（2）　本事例については、情報管理について詳細に述べることは避けますが、IT化が単なる事務作業の軽減のためではなく、むしろ個人情報保護と管理のための見地から重要であるとの認識を持つ必要があることがポイントです。

　まず申込書についてはデータ化することにより、紛失の危険性を防止し、管

理可能性を向上させることです。そして、管理の方法としてアクセス制限と情報管理者の決定が必要です。

具体的な対応としては、「申込書」には、①申請者の住所・氏名・電話番号、団体の場合は、②申請者の名称、代表者の住所・氏名・電話番号、そしていずれにも③会場使用の目的が記載されていることから、個人情報に該当することを認識しましょう。

さらに、本事例について検討すれば、申込書には「集会・会合の目的」「主催者の氏名」等が記載されており、申込書に記載された内容が「集会・結社の自由」（憲法21条）という思想信条の自由という権利にもかかわる情報であると認識しなくてはなりません。ゆえに管理は厳重にする必要があります。

2　情報漏洩対策

本事例についての回答は、上記情報の重要性をふまえ、①再度、「申込書控え」の所在について調査すべきです。②さらには「申込書控え」の管理状況について、市民会館事務局に報告を求めるべきです。③そして紛失の経緯について記録化し報告を求めるべきです。

その上で、申込当事者全員に対して「申込書」紛失の経緯と併せて謝罪をなすべきです。文書で行ってください。

回答は、以下の内容を記載した謝罪文書を作成し、申込者全員に事前に連絡した上で訪問し、謝罪してください。

(謝罪内容)

①第三者に漏洩されていないならばその事実、②紛失の経緯、③紛失の原因、さらには事実の公開（新聞発表等）が必要です。

市としては情報漏洩に対する今後の対策も講じなければなりません。市としては被害者のみならず住民に説明する姿勢が必要となります。(i)文書管理規定のほかに、(ii)漏洩防止と漏洩の危機管理を含めた総合的な情報管理規定の制定の必要性があります。

第1編 基本編

〈自治体の情報管理について〉

　地方公共団体における行政情報の電子化については、税務事務における事務処理システム、市町村の住民記録システムの開発に始まり、汎用電子計算機の開発と実用化の進展により、当初の各種統計税務給与等の大量な情報処理を中心とした集中処理から医療福祉教育といった多種多様非定型業務との適用範囲が拡大し、内部事務処理に止まらず、住民に向けた行政サービスの向上に積極的に利用されている。政府方針によりIT戦略が策定され、国民本位の電子行政の実現が言われている。その具体的取り組みとして自治体クラウドによる情報システムの統合集約化が位置付けられた。地方公共団体における行政情報の電子化の推進はいまや当然の流れであり、行政の効率化のみならず、住民の福利の向上、政策の立案、実行にとっても不可欠なツールである。

　自治体の情報については、福祉・医療・教育・住民台帳・税務・建築確認申請等住民一人ひとりにかかわる情報から、河川・道路の改修、それに関する河川の流量等自然に関する情報、交通量等社会現象に関する情報・公共工事の積算・公共契約の締結・物品調達に関する価格数量等、行政の事務にかかわる行政に関する情報まで多岐にわたる。

　これらの情報が大量に収集されるほか、情報の管理システムとしても、租税の徴収、保険料の請求、住民基本台帳の管理等システム自体も日々の住民の生活に極めて重要な存在である。

　蓄積する情報の管理については総務省平成27年3月地方自治情報管理概要情報セキュリティ対策の実施状況によれば、①責任者管理者任命、②重要な情報資産についてのセキュリティ対策実施手順の策定については、統計資料からかなり進んでいるものと判断できる。

　しかしながら、民間の情報管理の水準から言えば、情報の分類・分類後のアクセスの制限・アクセス権限を与えられた者の特定・アクセスの履歴・アクセス利用の明示化、記録化・アクセス利用についての報告等が制度的に記録化（当然電子記録）されているのであろうかとの疑問が残る。さらにはセキュリティ対策の責任者がおよそ行政事務の担当者であり、専門教育を十分受けていない。専門家の育成も外部委託はほとんどない実情である。セキュリティ対策の部署も、自治体のすべての部署の情報管理について組織的にトレースはなされていない。このように情報管理について不正利用、漏洩について組織的効果的対策が自治体の危機管理として統合的にとられているか否か疑問であるとともに、

システム自体についてもその侵害（サイバーテロ）に対してセキュリティ対策として十分であるかとの疑問がある（日本経済新聞2024年8月12日「サイバー防御、自治体に死角」の記事参照）。

　自治体の情報への不正アクセス等・取得については、不正アクセス行為の禁止等に関する法律、電子計算機使用等詐欺（刑法246条の2）、不正指令電磁的記録作成（刑法168条の2）、不正指令電磁的記録取得等（刑法168条の3）、偽計業務妨害（刑法234条）、電子計算機損壊等業務妨害（刑法234条の2）、さらには職員が関与した場合については地方自治法34条守秘義務違反により処罰が可能である。問題は漏洩・盗窃された情報について、企業の不正競争防止法の規定の如く法的制限が加えられないかである。そもそも自治体の「情報」の根源は住民の生活そのものであり、自治体の「情報」は自治体について住民より信託を受けた行政的な知的財産であり、この情報を自治体住民以外に使用されることは住民の信頼を失うことである。しかも、情報漏洩について自治体に責任があれば国家賠償の対象ともなる深刻な状況にある。

　不正競争防止法上「営業秘密」について、ある程度「排他的効力」を認めているならば、自治体の「情報」について漏洩・不正取得された場合、この利用の差し止め削除を認める法制度の整備、取得した情報により利益を得たならばその全てを剥奪する法制度化が必要であるとともに、情報管理のシステム自体の安全性を確保し、特に医療、公営企業の安全システムの保全をはかるためにも、サイバー攻撃に対しての厳罰化が必要ではないかと考える。自治体の全ての部署の情報が統合されれば大企業の営業秘密全体より経済的価値を生む可能性があること、その不正利用の可能性と被害については甚大である可能性があることを考慮に入れれば、その価値の保護のため排他性を真剣に検討すべきことはもちろん自治体の「統治」・統治の目的である「住民全体の利益」という根源的な問題から、責任を持った法的制度体制づくりを考えるべきである。

第1編 基本編

〈現場における具体的対応要領〉
～クレーム対策実践編（申請窓口・窓口・総務・人事）～
〔具体的事例から、現場においてどのように対応するか。〕

◆申請窓口

15 住民票交付について手続が納得できない場合①
―職員のミスを口実

Q 当市役所、住民コーナーにおいて、市民Aさんの委任状を持った建設業者Xさんが、Aさんの住民票の交付を申請しました。その際申請書に交付を申請する方の欄に「知人」、住民票の交付を求める方の欄に「A」と記載して申請しました。担当者Yは「知人」と書いてある欄についてXさんに質問し「建築確認申請のためだよね～」と言って「知人」との記載をボールペンで削除し「代理人」と書き換えました。Xさんは激怒し「勝手に書き換えるな、偽造だ」と詰め寄り、「課長を出せ。組織としてYも連署し市長若しくは部長の詫び状若しくは顛末書を出せ、また明日来る」と言って帰りました。明日の対応を教えてください。なおAさんの住民票は当市においてXさんに交付しました。

A 「Xさんの承諾なく「知人」を「代理人」に書き換えたことについてはお詫びします」と回答すべきです。

親切心からYは書き換えたと推論しますが、申請書は正確に記載すべきであり、申請者の記載が原則です。「知人を代理人と書き換えてよろしいですか」の一言が重要です。しかしながら、Xさんは住民票の交付も受けています。

事実、権利義務に関する記載ではなく、単なる誤記の訂正にすぎないことから民事刑事の責任を問われることはありません。

申請日当日のXさんの対応から、Yに対する明日の対応は感情的になる可能性があります。複数対応が望ましいと考えます。課長を同席させる必要はありません。詫び状、顛末書は「住民コーナー」の機関名で、住民票交付の目的のためXさんの承諾なく「知人」を「代理人」と書き換えた事実と今後このよう

な事態がないように努めるとの記載のみで足ります。市長、部長名での書面は提示しません。

16 住民票交付について手続が納得できない場合②
―執拗に謝罪を求める

> **Q** 前問において、翌日当該建設業者Xさんが、住民コーナー窓口を訪れました。「知人」との記載をボールペンで消し、「代理人」と書き換えた件については、Y及び係長の私もお詫びし、「住民コーナー」の機関名で住民票交付の目的のため、Xさんの承諾なく「知人」を「代理人」と書き換えた事実と今後このような事態がないように努めると記載した顛末書をお渡ししました。Xさんは「なんで俺の言うことが聞けないのだ。市長、部長、Yの名前を書いて詫び状を出せ」と怒鳴っています。対応を教えてください。

A 「住民コーナーという住民票申請交付窓口で生じた事案ですので、組織として顛末書を出しています。住民票の交付申請手続全てが行政事務ですから、組織として行動し、組織としてお詫び申し上げています。」と説明し、それ以上の説明は不要です。

17 住民票交付について手続が納得できない場合③
―法令に納得できない

> **Q** 当市役所、住民コーナーにおいて、不動産業者Xさんが、Aさんの住民票の交付を申請しました。Aさんの住民票交付についての委任状もありませんし、あくまでも第三者による申請ですので「戸籍」の表示はできないと申し上げ、戸籍の表示がされていない「住民票・基礎証明事項」を交付しました。Xさんは納得できないと窓口で怒鳴っています。どうしたらよいのでしょうか。

A　住民基本台帳法12条の3の規定により、戸籍の表示はできかねると説明してください。「法令違反はできない」、その一言につきます。なお、偽りその他不正の手段により法12条の3の「住民票・基礎証明事項」の交付を受けた者に対して罰則があることも教示してください（法46条）。

18 住民票交付について手続が納得できない場合④ ―「住民」を口実にして要求

Q　前問の場合、不動産業者Xさんが、「俺は住民だ。税金も納めている。住民・納税者の意見を尊重するのが、市役所、公務員の責任だ。俺の要求どおりの住民票の写しを寄こせ。それが行政サービスだ」と言ってきました。どのように回答したらよいのでしょうか。

A　住民という言葉にごまかされてはいけません。住民の概念の第1は、納税者としての住民です。正確には、納税のルールに従って納税する者です。第2は、受益者としての住民です。市場原理が100％働いている民間企業における顧客と行政サービスの受益者とは、サービスの受け手という面では共通点が多いのですが、最大の違いは、民間企業の顧客はサービスの対価を自分で負担しているのに対して、公共サービスの場合は最大の受益者が負担せず、むしろサービスを利用していない納税者が多額の負担をしている状況です（例：公営住宅）。第3は、町づくりに対して利害関係なく、主体的に取り組み行動するという住民自治の主役としての住民です。

本事例の場合の不動産業者Xさんの言動は第1から第3の住民の意味ではなく、自治体が保有する財源なり、権限を自らの利害に利用しようとする個人や集団としての利害関係者としての住民です（利害関係住民とも言います）。

行政の公正と平等を実現するためには、このような利害関係住民の要望・要求を排除する必要があります。不動産業者Xさんの要求は住民基本台帳法に違反する行為を求めるものですので「法令等に違反する要求要望には応じられません」「行政サービスと言われますが法令を守る責任は全ての国民にありますので、ご理解ください」と回答してください。

第Ⅰ章 窓口・総務　Ⅱ　総　務

◆窓口・困った市民

19 税金の滞納処分・預金差押に対するクレーム

> **Q** 当市役所の市民税課の窓口に市民Xさんが押しかけ「よくも預金を差し押さえたな。おかげで今月の家賃も不払い、カードも落ちない、とんでもないことになっている。どうしてくれるのだ。殺すつもりか。死ぬならばおまえらも道連れだ」と怒鳴っています。どうしたらよいのでしょうか。

A 市民税の滞納の事案です。督促状の送達がいつされたかを市民Xさん本人に確認してください。「市民税納付の督促状が半年前に自宅に送付されていますね。督促状には一定の期間までに納付しないときは、差し押さえると記載されていますよね」「税金の支払いは国民の義務です。支払いがない時はやむを得ず差し押さえをせざるを得ません」「支払いがないかぎり差し押さえの取り下げはできません」と毅然と答えてください。そして「死ぬならばおまえらも道連れだ」は明らかに害悪の告知となり、脅迫ですので公務執行妨害となりますと警告することが必要です。

20 水道が止められたことに対するクレーム

> **Q** 私は○○市上水道部の水道料金徴収の部署の職員です。当市A地区にお住まいのXさんは水道料金の滞納を繰り返していました。1月末の検針の30日後の支払期限である2月28日までに支払いがないので、3月に入り督促状を出しました。それでも支払いがないので勧告書を送付し、勧告書を送付後2週間を経過したところで給水停止予告状を送付しましたが支払いはありませんでしたので、先ほど閉栓（給水停止）をしました。そうしたところ、Xさんが窓口に押しかけ、「料金が高い」「ばかにしているのか開栓しろ」「開栓するまで、ここに居座る」と言ってきました。どのように対応すればよいのでしょうか。

A　このような場合は、「水道料金をお支払いいただくまでは、開栓はできません。料金については高くありません。居座るならば不退去罪で被害届を出します。義務なきことの強要ですので強要罪による被害届も検討します」などと申し上げてください。

　東京都の場合、給水管の口径が20ミリで1か月の使用料か24立方メートルの場合、1立方メートル消費税込みで約147円です。決して高い料金ではなく、水源の確保、水源からの導水管の維持整備、浄水場の整備、本管の整備維持等膨大な費用がかかる一方、維持補修には費用だけではなく大変な労力がかかります。前記1立方メートル147円を高いと評価することはできずインフラを支え、水道設備、給水体勢を維持するためには水道料金支払いは住民として当然の義務と言えます。しかしながら、水道料金については一般的な公債権とは異なる扱いがされてきました。民法166条以下債権の消滅時効の規定の改正法施行日前令和2年3月31日以前に給水契約が成立した場合は2年、それ以降の給水契約については5年により時効となります。大半の家庭の給水契約は令和2年3月31日以前であると考えられる2年の短期の時効に係る水道料金債権の管理は大変厳しいものがあります。設問の場合、水道事業の置かれている厳しい環境を説明し、速やかに支払いを求めることになります。

◆総務・危機管理

21　ビラの配布がされた場合

Q　市役所庁舎玄関入り口で、「課長の○は人殺し」と特定の市職員を誹謗中傷するビラを毎日配布していますが、どうしたらよいのでしょうか。

A　庁舎の玄関入り口についても、庁舎管理規則は及びます。
　　そして、
① 庁舎管理規則に基づき、「配布を中止する」ように求める。
　「市の職務の支障になります。市民の皆さんの迷惑になります。不当要求対策要綱庁舎管理規則に基づき、私、管理責任者の○○より、配布の中止を求めます」

② その際、写真撮影、録音をする。
③ 配布ビラを収集する。
④ 退去を求める。退去しない場合は、不退去罪（刑法130条）に該当するので、警察に通報する。
⑤ 配布の状況、ビラの記載内容を対策責任者、弁護士と相談し、裁判所に対して配布禁止の仮処分の申立て、又は、威力業務妨害（刑法234条）、名誉毀損（刑法230条）による告訴が必要です。

22 街宣活動がなされた場合

> **Q** 市役所庁舎入口前で、市の対応に不満を持った市民Aさんがハンディマイクで「市、市長、○○課長はアホ・ボケ・人殺しの手先」と誹謗中傷し、来庁する市民に対して呼びかけています。このような街宣活動が連日行われている場合、どうしたらよいでしょうか。

A 次のとおり、対応してください。

① 街宣の日時場所を特定する報告書の作成
② 街宣現場について、写真、ビデオ撮影
③ 騒音測定をなし、平穏な業務の妨害の証拠収集
④ 街宣文句の録音、誹謗中傷の証拠収集
⑤ 行為者の特定

等を行うことが必要です。

街宣の内容態様により、脅迫罪・名誉毀損罪、侮辱罪・不退去罪違反等の刑事処罰の対象となるので、警察に通報します。

弁護士に依頼し、街宣禁止の仮処分を申立てます。

第1編 基本編

23 政治結社と名乗る団体から機関誌が送られてきた場合

Q 政治結社Xと名乗る団体の機関誌が一方的に送りつけられた場合、どのように対処すればよいですか。

A 機関誌を返送して、購読の意思がないことを明確に示してください。

返送の方法は、開封せず「受け取り拒否」の付箋を付けて返送します。さらに、購読の意思がないことを明確にした文書を配達証明付内容証明郵便で送付します。特定商取引法により売買契約によらず一方的に送りつけられた商品は直ちに処分することができます。代金の支払いの必要性はありません。

(注) 機関誌を購読することにより、機関誌の購読要求が職場、役所全体のみならず、公共工事の受注業者にも広がることに注意すべきです。

24 人権団体と名乗る人物から書籍が送られてきた場合

Q 本日、当市総務部宛に、人権団体○○代表と名乗る人物から電話がありました。「『人権』という本を送った。代金は5万5000円だ。払わないと差別だ」との内容でした。この書籍が一方的に送りつけられ、代金を請求された場合、どのように対処すればよいですか。

A 書籍を返送して、購読の意思がないことを明確に示してください。

「受け取り拒否」の付箋を付けて返送します。さらに、購読の意思がないことを明確にした文書を配達証明付内容証明郵便で送付してください。

特定商取引法により、売買契約によらず一方的に送りつけられた商品は直ちに処分することができます。代金の支払いの必要性はありません。

(注) このような「送りつけ商法」の場合、クーリングオフの問題がありますので、消費者生活センター、暴追センター、弁護士に相談して指導を受けてください。

第Ⅰ章 窓口・総務　Ⅱ　総　務

◆総務・人事

25 職員の不祥事①―職員が逮捕された場合

> **Q** 昨日、当市の総務部の職員が、繁華街でキャバクラの支払いが「高い！払えるか」と店に抗議し、キャバクラから無銭飲食の被害届が出され、所轄警察署に逮捕されたとの新聞報道がなされました。しかもキャバクラ従業員とのもみ合いの様子がYouTubeで配信されています。当該キャバクラは暴力団関係者が経営していると噂される店です。朝から抗議の電話が当市広報室宛にやみません。市民Xさんが「職員としてのコンプライアンスはどうなっているのだ。倫理規定はあるのか」と怒鳴ってきました。

A このような場合、「警察に逮捕されたとのことで詳しい事情がわかりません。逮捕されたとのことで、身柄が警察にある以上、事情は弁護人以外聞けません。身柄が解放された後詳しく事情を本人から聞きます」と回答してください。

26 職員の不祥事②―職員が逮捕された場合の対応と市民の苦情

> **Q** 市民Xさんは「なにを寝ぼけたことを言っているのだ。さっさと懲戒免職にしろ」「職員としてのコンプライアンスはどうなっているのだ。市長名義で報告書を市のホームページ上で出せ」と怒鳴っています。

A 職員については有罪判決確定まで、無罪の推定から、懲戒処分は原則としてできません。しかしながら、当該キャバクラは暴力団関係者が経営していると噂される店であり、勤務外といえども、職員が利用する店舗としてはふさわしくありません。

「市民から信頼を得なくてはならない職員としてどうあるべきかを研修等に努めていきたいと思います」「大変ご心配をお掛けして申し訳ありませんが、

第1編 基本編

市のホームページ上の謝罪文については、先ほど申し上げたように事件の内容等が詳細に判明しておらず、本人からも事情聴取できていませんので、お答えはできかねます」と回答してください。
※本事例については、公務員全体の意識・倫理の向上の問題です。市民の信頼ということを考えると、公務員は市民から常に見られているという意識が必要です。

27 職員の不祥事③—職員の専念義務違反と市民への説明

> **Q** 昨日、当市の総務部の職員が、風俗店で「呼び込み」のアルバイトをして、風俗営業法22条違反で逮捕されたことが判明しました。市民から市の広報室宛に苦情がきているとともに、報道関係者から取材申し込みがなされています。どのように対応したらよいのでしょうか。

A 職員については、職務の遂行に当たり全力を挙げて専念しなくてはなりません（地方公務員法30条、35条）。そして営利企業についての従事制限、いわゆる兼業禁止義務が職員に科せられています（法38条）。設問の事案について風俗店に従事している事実が認められれば、許可なく営利事業に従事していることから、公務員としての全体の奉仕者たるにふさわしくない非行（法29条）に該当する可能性があります。直ちに就労形態、逮捕の状況等を調査すべきです。

回答としては「この度、当市職員が風俗営業法第22条違反で所轄警察署に逮捕されたとの事実が確認できました。当然職員については兼業禁止義務が課せられていますので、許可のない就労である事実は否定できません。調査の上、厳正に当該職員を処分します」と回答してください。また、報道発表の準備もしてください。市民に対しての説明責任から当然の対応です。

28 文書喪失・情報漏洩―通知表を紛失

> **Q** 私は○○市総務部行政・法規課の職員です。本日当市の教育委員会学校事務課の職員から次のような相談がありました。「本日○○小学校5年2組で1学期の通知表を児童に渡す予定でしたが、先生が通知表を昨日自宅に持ち帰ったところ、朝になってなくなっていることに気づき、職員室でも見つからず紛失したとの連絡がありました。さらに児童の保護者から通知表が外部に漏れたらどうするのか。子どもは泣いている。対応しろ」と抗議されているとのことです。対応を教えてください。

A まず、紛失した件を児童の保護者、児童に対して謝罪すべきです。本来通知表を学校から外部に持ち出す必要性はありません。そして通知表は再度交付できる旨保護者・児童に説明してください。説明、謝罪は個別に児童、保護者に説明するとともに、学校全体の問題として、保護者全体に説明する必要があります。そして管理状況についても保護者全員に説明するとともに、通知表の所在について再度調査し、その経緯についても説明すべきです。さらに今後の対策として、再発防止についても説明してください。外部への漏洩の可能性についても必ず言及してください。本事例では、担任・学年主任・教頭・校長の保護者・児童に対する真摯な対応が必須であるとともに、原因究明と再発防止策について、広く住民に説明する対応が必要です。

第1編 基本編

第2章 まちづくり

■ Ⅰ 都市計画・整備 ■

〈具体的事案の解決事例〉

29 道路計画についてのクレーム

事例

　私は、A県土木整備部、S土木事務所において、県道設備の仕事をしております。道路予定地の地権者ではないのですが、1か月ほど前に県道整備予定地の近くに住むXさんが「そもそも、国や県の道路行政がおかしい」と、当土木事務所に来所されましたので、私が、環境基準の問題とか、県の産業と道路の設備計画について、パンフレット等を使い説明させていただきました。1時間ほどでその場はお帰りになったのですが、それから毎日のように「説明は納得できない」と押しかけ、一旦は納得するようですが、翌日は「納得できない」と声を荒らげて来所されます。5〜6時間もその方の対応をすると職務もままならず、精神的にも肉体的にも限界が来ています。今日Xさんから、「夜の11時に家まで来て説明すれば納得するから」と連絡がありました。どうしたらよいのでしょうか。

ポイント
① 道路行政に対する説明の限界と苦情対策
② 自宅に呼び出されたらどうするか

■回答

1　自宅に呼び出されたらどうするか

　Xさんの自宅を訪問すべきではありません。

　事務所においてもこれ以上説明できないと明確に答えるべきです。

公務として市民住民の自宅にまで、しかも勤務時間外に訪問し、説明しなければならない事案があるか否か、冷静に考えてください。

そのような必要があるのは公共用地の取得、教育福祉といった事案であり、しかも緊急性等があると限定された場合ではないでしょうか。

本事例の場合「国・県の道路行政」という問題であり、深夜、Xさんの自宅まで訪問しなければならない事案であるとは到底考えられません。

2　道路行政に対する説明の限界と苦情対策

この問題について、Xさんの要求は何でしょうか。「国や県の道路行政が納得できない」「説明は納得できない」というXさんの主観に帰結しています。すなわち、問題の解決についてはXさんが納得しないかぎり解決しないこととなり、解決の糸口も帰結点も見いだすことは不可能です。

さらに、本事例の場合ですと、Xさんはかなり執拗であるとの事実が認められます。このような場合、Xさんは真摯に「国や県の道路行政」について質問し、理解を得ようとするのではなく、担当職員及び担当部署の困惑のみを目的として行動しているものと推測されます。人格的クレーマーと称される事案の可能性が高いのです。このような人格的クレーマーについては担当者が説明すればするほど、より執拗に説明を求める事案が多く見受けられます。つまり担当者の苦痛が楽しみであるという心理状態に陥っている可能性があるのです。

では、どのように対応すべきでしょうか。「国や県の道路行政」というような一般的な問題については、パンフレット等の説明で足りるという原則を確認することです。

そして、同種の事案については、Xさんに対して、「ご質問について、以下の資料をもって回答とさせていただきます。以降再回答はいたしませんのでその旨ご理解ください」との文書を送付し、Xさんからの「納得できない」との質問については「年月日付回答のとおり」との文書を送付し、その後は対応しないことにより事案を解決します。

第1編 基本編

30 開発についてのクレーム

事例

　私は、A市都市開発課の課長をしております。当市の北部のP地区に、大規模団地の開発が東京のO社によりなされました。開発についての当市とO社との協議において、当市は道路用地・貯水池用地として、開発行為完了後寄付を受けることとなっておりました。その後、大規模団地の開発は順調に進行し、道路・貯水池も完成し新しい住民も移り住んでまいりましたが、開発行為完了直前の先月30日、O社は不渡りを出し、事実上倒産し、経営者従業員とも連絡がつかない状態です。本日O社から経営を任されたと政治団体Uを名乗る人物が当課を訪問し、O社名義で当市への登記未了となっている道路・貯水池を、「平方メートルあたり100万円で買うように。買わない場合は、街宣車を警備に出して、道路を閉鎖し、貯水池を壊す」と言ってきました。どうしたらよいのでしょうか。

ポイント

① 開発行為終了後の公共用地（未登記）に対する妨害と保全
② 法的対応

■ 回答

　仮処分等の法的手続をとり、公共財産である道路を保全すべきです。

1　開発行為終了後の公共用地（未登記）に対する妨害と保全

　本事例で問題となっている土地は開発行為完了後に寄付を受ける約束をしていますが、当該土地についてA市が権利を主張するには、A市が所有権を取得している必要があります。もし、所有権を取得していないとすれば、道路を閉鎖し壊す行為について裁判所の力を借りて差し止めすることすらできません。

　ところで、A市とO社の間には、開発完了後寄付を受ける約束がなされていますが、これにより所有権を主張できるかがまず問題となります。これについては、開発行為の完了という条件付き贈与契約が成立したとみる余地がないわけではありませんが、むしろ「開発完了」（又は開発不能）という期限付き贈

与契約が成立していると考えるべきです。

したがって、O社が倒産し開発不能という期限が到来したわけですから、A市に所有権が移転し、A市は所有権移転登記や引渡しを請求することができます。

2　法的対応

(1)　まず、土地の所有名義がO社から不当に第三者に移転されてしまう可能性があります。そこで、前記のとおり、土地についてA市は所有権移転登記を請求する権利を有しているので、第三者に所有権移転登記がなされないように、処分禁止の仮処分（例えば「O社は、○○土地について売買、担保設定、その他の処分をしてはならない」）の申出をするべきです。この仮処分決定が出ると、土地の登記簿にも仮処分決定がなされた旨の登録がされます。また、道路の閉鎖、破壊については、このような行為を禁止する仮処分命令の申立をしなくてはなりません。

(2)　次に、政治団体Uを名乗る人物に対する対応ですが、単に同人が「経営を任された」というだけではO社の土地を売買するなどの権限があるとは限りません。報酬目的でこのような法律問題に介入しているようであれば、弁護士法に違反している可能性もあります。告発を検討すべきでしょう。

まして、「買わない場合は、街宣車で道路を閉鎖したうえで壊してやるぞ」などの言葉は、恐喝罪等に該当しかねない違法な害悪の告知ですから、告訴を検討すべきです。

害悪の告知に当たるような言動は可能な限り録音テープ、ビデオ、写真に撮るなど、証拠として残しておくことが必要です。

(3)　**本案訴訟の提起**

仮処分の申立は首長の専決事項であり、首長の権限で申立てることが可能です。

しかし、O社からA市に対して最終的に所有権移転登記をさせるためには本案訴訟を提起し勝訴判決を得ることが必要ですが、訴訟の提起については、議会の承認が必要となりますので、仮処分申立後の訴訟提起については、あらかじめ議会開催の期間などにも配慮しておくことが肝要です。

第1編 基本編

31 区画整理についてのクレーム

> **事例**
>
> 　私は、平成10年12月1日W県知事より設立認可を受けた土地区画整理組合の理事長をしております。平成12年5月10日仮換地指定をしたことにより、土地区画整理法98条の規定により当組合が管理する保留地及び公共施設予定地がありますが、この保留地について、従前の所有者Bが、継続して建設資材置き場として使用していたばかりか、不動産業者Qという人物が、その土地の上にプレハブの建物を建築し占拠しています。本日Qという人物とBさんが当組合と県庁を訪問し、「仮換地の取消しと補償金を寄こせ、要求に応じないと優秀な弁護士を雇い県庁も県の担当者、組合も訴えるぞ。ぼろぼろにしてやる」「街宣をかける」と言ってきました。どうしたらよいのでしょうか。

> **ポイント**
> ① 区画整理事業に対する妨害行為と対策
> ② 具体的対応

■ 回答

1　区画整理事業に対する妨害行為と対策

(1) 結　論

　「仮換地を取り消せ」との要求に対しては、異議申立期間（行政不服審査法14条）を経過しているならば、「取り消すことはできません」と伝えます。

　「街宣をかける」などの脅迫に対しては、県と連携協力して、街宣禁止の仮処分などの対策を講ずるべきです。

　また、BさんとQさんに対して、土地区画整理組合が本事例保留地の占有を確保するための法的措置もとるべきです。

(2) 仮換地指定の法的効力

　仮換地が指定されると、従前の宅地の使用収益権者は、従前の宅地の使用収益が停止される一方で、仮換地につき、従前の宅地について有する使用収益権

と同じ内容の権利を行使することができます（土地区画整理法99条1項）。そして、仮換地に指定されていない宅地（公共施設用地、保留地予定地等）は、区画整理事業の施行者が管理することになります（同法100条）。

　判例は、前記管理権の法的性質につき「所有権に準ずる一種の物権的支配権（排他的支配権）」であるとし、第三者が権原なく不法に占有する場合、管理者である施行者は、同支配権に基づき土地明渡を求めることができるとしています。

　(3)　本事例で問題となっている保留地についても、支配権は組合にあるので、組合は、Ｑさん及び従前の所有者であるＢさんに対し、権原なく保留地を占有していることを理由に、同地の明渡請求を行うことができます。

　なお、保留地の設定は、施行地区内の全土地所有者の減歩によりなされるものであるため、特定の者に対する通知等は予定されていません。そのため、当該土地が保留地に指定されていることは、組合自ら証明することが必要となります。

2　具体的対応（Ｂさん及びＱさんに対する対応）

　Ｂさんは、問題の保留地の従前の所有者ですから、保留地の指定に不服があれば、仮換地指定の処分がなされたことを知った日から60日以内に、処分の取消しを求めて異議申立てをすることができます（行政不服審査法14条）。

　Ｂさんが異議申立ての手続をとらず、異議申立期間を経過しても本事例保留地の明渡しをしないのであれば、組合は、土地明渡訴訟をするべきです。

　ただし、勝訴判決を得てから明渡を求めていたのでは、区画整理事業の手続が著しく遅延し、同事業の遂行に支障をきたしかねません。そこで、Ｂさんらの不法占有を理由に、土地の明渡しの仮処分を申し立て、早い段階で、執行官により強制的に明渡しを断行してもらうことも検討すべきです。

　「街宣をかける」などという脅迫に対しては、街宣禁止の仮処分を申立てる等の手段をとるべきです。

第1編 基 本 編

32 違法建築に対する指導に対するクレーム

> **事例**
>
> 私は、A市建設部建築指導課の職員です。昨日匿名の電話があり、当市の東西町の市街化調整区域において、違法な建物が建築されているとの連絡がありました。通報地域については建築確認申請もなされておらず、都市計画法の許可も、その申請手続もなされていないことが判明したため、私が1人で通報について確認すべく現地に赴いたところ、数棟の建物が建築されているところでした。そこで私は工事現場の担当者に「建築基準法違反であるから工事をやめるように。また、業者はどこか」と尋ねたところ、監督と名乗る人物から「名乗る必要はない。業者はおまえが自分で調べろ。よかったら基礎のコンクリートに埋めたろか。二度と来るな」と言われました。どうしたらよいのでしょうか。

> **ポイント**
> ① 建築基準法違反に対する除却命令
> ② 指導に対する妨害行為
> ③ 都市計画法違反・市街化調整区域における建物建築

■ 回答

1 建築基準法違反に対する除却命令と指導に対する妨害行為

速やかに警察に対して「脅迫」の被害届を提出するべきです。また、建築基準法、都市計画法に基づく対応をなすべきです。

各地ではこのような違法建築の事案が多々報告され、担当職員としては対応に苦慮しているのが実情です。そして担当職員が不当要求行為にさらされているのも事実です。

特に、このような違法な開発については、業者に多大な利益をもたらすばかりか、購入した市民についても法律上不利益をもたらし経済的に大きな損失を与える一種の詐欺商法です。そして何より健全な行政が侵害されることが問題です。

本事例の場合「基礎のコンクリートに埋めたろか。二度と来るな」との発言は明らかに脅迫です。これだけでも警察に被害届を出すべきですし、不当要求行為として上司に相談し警察との連携を図るべきです。

2　都市計画法違反・市街化調整区域における建物建築

しかし、これだけでは問題は済まないことに注意してください。

本事例の場合、建築確認申請もなされておらず、都市計画法の許可も、その申請手続もなされていないことが判明しています。

都市計画法29条に違反し、市街化調整区域内に許可なく建築した者に対しては、除去命令・立入検査行政代執行等が行政法上の処置としてあります（都市計画法81条・82条）。命令違反については同法89条で罰則を定めています。

また、建築確認申請（建築基準法6条）をなしていませんので、建築基準法99条により告発できます。

担当者としてはこのような場合、まず行政の姿勢を明確にするという対応が必要となります。

本事例と同様の事例の場合、まず、除去命令を出す手続を検討してください。この場合、施主業者の特定が困難であるという問題がありますが、現場の作業車両のナンバー、土地謄本により確認することができます。現場に行くことが不安であれば、最寄りの警察署に連絡し、適正な職務について妨害される危険性が高いことを説明し、現場までの同行と現場の監視を要請すべきです。そして、除去命令の対象となる者に対する聴聞手続については、トラブルが大きくなりそうな時は、正確に記録をとるため録音をなすことを告げるとともに、緊急の場合に対応するために、別室に警察官・弁護士を待機させるという方法もあります。

そして除却命令について、これを現場に公示する際にも警察へ協力を要請すべきです。

しかしながら、代執行等行政強制については、時間がかかるのが現実です。そして、代執行に踏み切るためには予算措置の問題もあり、現場では容易な手続ではありません。

そこで、本事例と同様な場合については、都市計画法違反・建築基準法違反

第1編 基本編

として、さらに命令違反を理由に告発すべきです。併せて脅迫罪で被害の届出をなすべきです。

本事例の場合のような都市計画法違反・建築基準法違反については、法規命令に違反している、違法建築という証拠は現実に存在していることから捜査が容易です。都市計画法違反・建築基準法違反について生活安全課の所管ですので、警察への相談時に、刑事課に対して説明をなし、生活安全課の担当警察官に同席を求めることがよいでしょう。またこのような場合に対処するために、警察と地方公共団体の協議会との連携が必要となります。

Ⅱ 用地収用

〈具体的事案の解決事例〉

33 用地収用のトラブル

事例

私はＸ市土木整備部道路用地課の職員として都市計画道路Ａ線の用地取得の担当をしています。用地取得の対象地○○町111－1番の土地上には木造2階建ての建物があります。当該土地所有者Ｙさんから以下の要求がありました。
① 木造2階建ての建物を鉄筋コンクリート3階建ての建物と評価して補償を行えば、土地売買契約を締結し建物も収去して土地を引き渡す。
② 111－1番の土地の隣地のＸ市所有地（道路用地として先行取得）との境界確定訴訟を提起した。

実際のところ、Ｙさんは毎日のように事務所に押しかけ、「担当を出せ」等怒鳴り、長時間帰りません。深夜に及ぶこともあり閉口しています。どのような対応をすればよいのでしょうか。

ポイント

① 用地収用手続に対する不当要求事案・違法行為の要求
② 用地収用に対する法的手続を利用した妨害行為

■回答

1　用地収用手続に対する不当要求事案・違法行為の要求

　事例①について、本事例と同様の事案で、木造2階建ての建物を事実に反し鉄筋コンクリート3階建ての建物と評価し、物件移転補償契約（建物補償・工作物補償・立木補償・動産補償・移転雑費費用補償を含む。建物等一切の物件を収去する義務を負う。）を締結した事案について、収用の担当者が背任罪で逮捕され、実刑の有罪判決（刑務所で服役）を受けた事案があります（2000年。滋賀国道工事事務所事件）。当然契約書記載の補償金額を定める際に「木造2階建ての建物を鉄筋コンクリート3階建ての建物」と虚偽の記載を公文書（補償関係書面）になしていることから、虚偽公文書作成（刑法156条）にも該当します。暴言や長時間の事務所居座りについては確かに不当要求行為に該当しますが、公務員として法令・倫理に違反する行為は絶対に許されません。不当要求行為に負けることはコンプライアンス違反です（『法律のひろば』2010年5月号「自治体のコンプライアンス」参照）。

　Yさんの要求は絶対に拒否すべきです。このような場合は、収用裁決の申立の手続に移行することが賢明です。

2　用地収用に対する法的手続を利用した妨害行為

　事例②については、①の要望を拒否することを前提に、収用裁決の申立と収用手続そのものを混乱させようとする意図を垣間見ることができます。

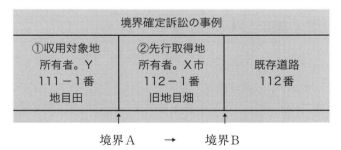

　本事例について①の土地と②の土地との境界についての訴訟です。Yさんの主張によれば、①の土地と②の土地との境界はAではなくBである。収用対象面積は50パーセント以上増大するとともに、収用対象地の範囲も異なること

から収用裁決の申立を妨害する意図です。

　本事例の場合、収用裁決の申立については、111－1番の収用、収用面積登記簿上の地積で行いました。同例の事案については、境界確定訴訟の提起はなぜか土地収用法35条以下の調書作成後であり、36条6項の異議申立を期間内になしませんでした。しかしながら境界確定訴訟を提起したことにより、裁判上も裁判外でも執拗に収用裁決の申立を取り下げるように主張していました。境界確定訴訟については事実上収用裁決の申立を妨害するために提起される例があります。その理由としては、境界確定訴訟については長期間審理され判決が出されるのは訴え提起後の数年先になる例があるからです。このような場合の対策としては、事前に収用対象地の履歴、特に過去の土地の使用形態、由来等を調査し、境界が定められた理由等詳細の調査をすることが賢明です。

　なお、本事例と同様の事例については、境界確定訴訟が継続中であることを理由として、収用裁決の決定後、Yさんは収用裁決の取消訴訟を県に対して、補償金額の算定については起業者たるX市に対しておのおの出訴期間内に提起することが可能です。

　さらには、収用裁決の後についても境界確定訴訟が継続中であることを理由に111－1番、112－1番両番地内の道路開設工事に対して抗議をしてきました。この抗議に対しては収用裁決が行政処分の公定力により、土地の所有権はX市に確定的に移転していることを理由に拒否し、工事を進行させました。

34 収用手続についてのクレーム

事例

　私は、X市土木部道路建設課の職員をしています。当市において県の事業認可を受けた市道〇〇線の工事を進捗すべく用地収用の手続を行います。任意に売却に応じていただけないYさんについて、収用裁決の申立を収用委員会に対してなすことにしました。については土地収用法35条・36条による調査をYさんの土地建物にしたところ、Yさんが「おまえら職員が娘の下着を盗んだ、被害届を出す」と言ってきました。対応方法を教えてください。

第2章 まちづくり　Ⅱ　用地収用

> **ポイント**
> ① 用地収用手続に対する妨害
> ② 職員に対して手続過程での違法行為があったとする主張への対策

回答

1　用地収用手続に対する妨害

　起業者であるＸ市は裁決申請に当たり収用し、又は使用する土地の現況と権利関係を記載した土地調書を収用委員会に提出しなくてはなりません。明渡裁決の申請をしようとするときは、物件の現況と権利関係を記載した物件調書を収用委員会に提出しなくてはなりません。収用委員会は土地・物件調書を法定証拠として用いることになります。

　調書作成の義務が起業者に課せられる以上、起業者には土地・物件の現況と権利関係を的確に把握できる権能が与えられています。すなわち土地収用法35条により事業認定の告示があると起業者には事業の準備のため又は調書作成のため、土地又は物件に立ち入って測量し、調査する権限があります。調査権行使の手続について説明します。

　立ち入ろうとする者は、立ち入ろうとする日の3日前までに立ち入りの日時と場所を土地又は工作物の占有者に通知しなくてはなりません（法35条2項）。立ち入りの際には身分を示す証票を携帯し、利害関係人の請求があったときは、これを示さなくてはなりません（法35条3項、15条1項・3項）。さらに本事例のような居宅等については生活の平穏を確保する趣旨から、①立ち入りの際、占有者に立ち入りを告げること、②日の出前・日没後は立ち入ってはならないとの制限が課せられています（法35条3項、12条3項・4項）。

　重要な点は、土地又は工作物の占有者は、正当な理由がないかぎり、立ち入りを拒み又は妨害してはならず（法35条3項、13条）、これに違反した者は処罰されます。

2　職員に対して手続の過程で違法行為があったとする主張への対策

　本事例の場合、調査そのものについて違法はないものと推測できますが、収用裁決の申請にいたるような事案の場合、当該土地建物の占有者Ｙさんは感情

53

第1編 基本編

的になり、時にはYさんのように「盗んだ」「壊した」等の言いがかりをなす場合があります。事前予防のため承諾なく自宅内を撮影することは、法の趣旨からプライバシーの侵害になり許されないと考えます。ではどうするかですが、言いがかり防止のため、このような場合なら2名以上で家屋内に立ち入り調査を行うことにより、「2名の職員で調査していたので、窃取する機会も事実も認められない」と回答することが望ましいと考えます。同様の事案の場合、即座に所轄の警察署に連絡し、「Yさんにより職員に対して窃盗事件の疑いがかけられているので、捜査をしてほしい」と申し述べ、言いがかりであると占有者に認めさせたこともあります。毅然とした対応こそが解決方法です。

〈参考〉 土地収用法36条参照

〈現場における具体的対応要領〉
～クレーム対策実践編（用地補償）～
〔具体的事例から、現場においてどのように対応するか。〕

◆納得できない市民

35 工事補償について補償金額が納得できない場合

Q 市道○○線について、上下水、電線等を埋設する共同溝設置工事が終了し、同市道に面している市民Xさんの自宅について工事の補償をしました。事前調査・事後調査により、①屋根瓦について一か所ずれている、②壁の一部の亀裂が事前調査時より幅が広がっていることから、補償金額30万円と決定し、通知しました。市民Xさんは納得できるまで説明しろと、土木事務所に毎日押しかけてきます。

A 「補償金額については事前調査・事後調査により専門家が損傷した①②を確認し、公的な機関において積算基準に基づいて損害金額を算定したので、裁判手続により損害を主張立証しない限り、総額変更はできません」と回答します。

「納得とは、気持ちの問題であり、数字として出てきません。納得できる回

答はできかねます」と回答します。

36 用地補償について補償金額が納得できない場合

> **Q** 市道○○線について、拡幅のため用地買収が必要となりました。県の事業認可をすでに受け、3年にわたり用地買収交渉に入っていますが、拡幅対象の土地所有者は、「マンション建築業者はもっと高い値を付けている。近隣の不動産屋は、市の価格は安いと言っている」「少し頭を働かせて、用地補償だけでなく、営業補償・物件補償も鉛筆なめて考えろ」「早く契約が進めばおまえも助かるだろう」と言ってきました。どうしたらよいでしょうか。

A きっぱりと「できないことはできません」と断ってください。用地買収は人間関係ではありません。収用という法的な問題であり、補償基準も規則等で決定されています。補償基準に反して高額な補償金額を契約上記載し支払いするとなれば、あなたは背任罪の嫌疑を受けることに注意してください。

第1編 基 本 編

Ⅲ 行政の財産維持・管理

〈具体的事案の解決事例〉

37 行政財産使用許可についてのクレーム

事例

　当市は、まちづくりの活性化のために市の中心部にある市道○○線について道路拡幅の計画を立てています。道路拡幅予定地（空き地）について、道路拡幅工事の予算がつくまで、暫定的に商店会の大物Ｙさんに露店を設置することを認める許可を出しています。使用許可期間は1年、1年ごとに使用許可申請をなし、土地に定着する施設を設置してはならない、道路拡幅工事に必要と判断したときは直ちに明け渡す、との条件を付与しての許可です。このたび市街地の再開発の必要から、道路を拡幅する工事を来年度施工することになり、許可の更新はせず不許可としました。

　Ｙさんが、「これは借地だ」「使用料ではなく賃料だ」「誰のおかげで、まちづくりができると思っているのだ」「課長クラスでは話にならん。市長を呼べ、サシで話す」と言って露店の撤去をしません。道路拡幅工事ができないと災害対策・交通渋滞解消からも問題があります。どうしたらよいのでしょうか。

ポイント

① 公有財産（行政財産）は誰のもの
② 行政財産の適正使用
③ 行政財産の許可条件違反と法的対応

回答

1　公有財産（行政財産）は誰のもの、行政財産の適正使用

　道路拡幅用地については、市の所有する財産であり「公有財産」です（地方自治法238条）。公有財産のうち公用又は公共用に供し、又は供することを決定した財産を「行政財産」と言います。その余の財産は普通財産と言われます。

行政財産については法238条の4により、同条2項から4項に定めるものを除くほか、貸付、交換、売払等をしてはならず、私権の設定はできないと規定されています。本事例の場合、道路拡幅予定地であり明らかに行政財産です。この場合、法238条の4に違反する行為は無効であるとともに、使用許可という行政処分によることになります。「Yに露店を設置することを認める許可」は行政処分であり、法238条の4第7項「用途又は目的を妨げない限り」の許可に過ぎません。市がなした許可の条件である「使用許可期間は1年、1年ごとに使用許可申請をなし、土地に定着する施設を設置してはならない。道路拡幅工事に必要と判断したときは直ちに明け渡す」との条件はまさに同条4項に合致します。したがってYの主張する「借地」「賃料」の主張は法的に失当ですので何ら要求に応じるべきではないとの結論になります。

2　行政財産の許可条件違反と法的対応

　市としては法的にどのような対処をすべきでしょうか。拡幅予定地は市の所有ですので、土地収用法により行政代執行（行政強制）はできませんので、民事的手続により明渡建物工作物収去を行うことになります。本事例の類似の事例については民事保全手続、民事訴訟、強制執行の申立、授権決定により建物取り壊し明渡しという法的手続をとりました。当然Yさんに対する露店・工作物収去、土地明渡訴訟については議会の同意（法96条）が必要です。市の担当部署としてはYさんとの許可についての顛末、そして苦情の記録を正確に残すべきです。

38　公園利用、公園の使用許可

事例

　私はA市建設部公園管理課の職員です。当市の南部地区公園周辺住民から、公園で野球教室を開き、会費を取っているグループがいて、近隣住民の利用に支障が生じているとの苦情がありました。当課の職員が公園に赴いたところ、野球教室が開催されていました。当市の公園管理条例では、

> 有償無償にかかわらず当市の許可なく一般の方の公園の自由利用を妨げる一切の行為を禁止していますので、中止を求めましたところ、胸ぐらをつかまれ「明日もやるぞ」と指導者らしき人に怒鳴られました。そのチームは当市の他の北部公園、東部公園、西部公園でも同種の不正利用をして利益をあげているようです。どうしたらよいのでしょうか。

ポイント
① 行政財産たる公園の利用目的
② 公園について特定の者が専有利用した場合の対処

■ 回答

　胸ぐらをつかむ行為は明らかに暴行です。直ちに、適正な公務の執行を妨害されたとして警察に届けるべきです。

1　行政財産たる公園の利用目的

　都市公園については、都市公園法により設置管理について規定され、各地の地方公共団体においては、都市公園条例等の名称により、都市公園の利用管理について、具体的に規定されています。
　おおよそ、都市公園については市民の自由利用が原則であり、市民がいつでも平等に自由に利用できることが必要です。公園で許可なく野球教室が開催されれば、市民、特に幼児・老人の公園の利用ができなくなります。このような無許可使用の場合、科料の制裁を置く条例もありますが、行政が直接強制力により排除することは法的に困難です。

2　公園について特定の者が専有利用した場合の対処

　そこで、各地においては、無許可使用の場合、公園管理の部署の職員が使用を制止し、又は、警告するという方法がとられています。そしてこのような警告制止の現場で、職員が暴行・脅迫を受ける事案が報告されています。
　職員の制止行為は公務であることから、職員に対する暴行については、職員個人の身体の安全ばかりでなく、公務執行妨害罪（刑法95条）が成立します。

明らかな不当要求行為ですので、所管警察署に被害届・告発をなすべきです。

　野球教室の開催についての同種の事案で、許可を求める部署の職員に対する暴行について、公務執行妨害罪が成立するという判決が出されています。判決の量刑の理由において、「営利活動を目的として、不法行為を黙認させるために行政の運用を暴力で覆そうとするものであり、犯行動機に酌量の余地はない。犯行態様をみても、理不尽な抗議のうえ、暴行を加えたものであり、態様は悪質である。適正な公務の執行をなしていた職員らに対する影響も軽視できない」として、被告人を懲役1年6か月執行猶予3年に処する判決が下されています。

39　公園の不法占拠

事例

　当市中心部のある「朗らか公園」は市街地にあり、また面積が広大であることから、広域避難場所に指定されています。ところが近時、公園内に原付自転車、自動二輪車が数十台置かれています。これらは廃棄でなく明らかに通勤等に使用されていると思われましたので、駐輪禁止の看板を立てるとともに、係員を配置し、公園内に駐車しないように求めましたがまったく無視されたほか、さらには一部の者からは馬鹿野郎よばわりされ、自動二輪車で係員に対して、突っ込むという危険行為をした者もいます。どうしたらよいのでしょうか。

ポイント

① 都市公園の不法占有
② 占有者の特定と公園の利用目的達成のための法的手続

■回答

1　都市公園の不法占有

　本事例の「朗らか公園」は、都市公園法上の都市公園です。原付自転車、自動二輪車が数十台置かれている状況は明らかに通勤等に使用されていると推測され、公園の自由利用を妨げる行為です。

第1編 基本編

　都市公園法6条及び27条により公園管理者の許可なく物件を設置した場合は行政代執行法により、強制的に撤去できます。そもそも公園については美観のみならず市民が自由に安全に公園を利用できるようにすることが公園管理者の責務となっています。本事例の場合のように原付自転車、自動二輪車が公園内を自由に往来し駐車する状況は、市民の安全を阻害するとともに、事故が生じた場合、公園管理についてなすべき処置を講じなかったとして不作為による国賠法上の法的責任を問われる可能性もあります。

　ではこのような場合、どうすべきでしょうか。市としては都市公園法、都市公園条例に違反して工作物等物件の設置・放置の行為に対しての是正勧告等の事務を行うため「法令等違反に対する違反是正措置の実施基準」を以下の要件の下、定めることが望ましいと考えます。

(1) 措置を講じる実施基準

① 不法占有物件を放置することにより、公園の維持修繕が困難になるなど公園の保全上支障となる場合

② 不法占有物件を放置することにより、公園の美観が著しく阻害される場合

③ 不法占有物件を放置することにより、市民の快適で自由な利用に支障が出る場合

④ その他不法占有物件を放置することにより、公園の適正な管理に支障が出る場合

(2) 措置の内容

① 不法占拠者が確認できる場合

　(a) 個々の事案に応じて時期や期限を設定し、速やかに不法占有物件の除却を講じるよう指導を行う

　(b) 上記指導に従わず前記(1)の①～③に該当する場合は以下の措置を講じる

　　行政手続法に基づき弁明の機会を与えた上で、都市公園法に基づく除却命令を行う。除却命令に従わない場合は、行政代執行法に基づき、文書による戒告、代執行命令処理通知を行い、代執行を行う→費用は原因者負担（法15条）

② 不法占拠者が不明・確認できない場合
　都市公園法に基づき公園管理者が不法占有物件の撤去を行うべき旨を公告し、公告の日から14日を経過した時は撤去する。

2　占有者の特定と公園の利用目的達成のための法的手続

　本事例の場合、駐輪禁止の看板を立てるとともに、係員を配置し、公園内に駐車しないように求めましたが、まったく無視されたとのことですので、まず原付自転車、自動二輪車について、使用者の特定を行うことが必要です。原付自転車については、市税事務所で登録を調査することが必要です。自動二輪車については、陸運局に調査をなすことが必要です。

　いずれも顧問弁護士に依頼し、弁護士法23条の2の調査、弁護士照会により調査を行い、さらに住民票を徴求し、使用者・占有者の特定を行い、代理人名で警告文を送付し、撤去を求める方法がよいでしょう。「一部の者からは馬鹿野郎よばわりされ、自動二輪車で係員に対して、突っ込むという危険行為」が行われていることから、当該人物を特定するとともに所轄警察署に相談すべきです。勧告等に従わない場合、代執行による撤去となります。占有者不明の場合は、前記(2)②の手続を行い代執行により撤去することになります。本事例に限らず都市公園における不法占拠の問題は多々発生しています。周りに駐車場がないから無断駐車しているとか、とりあえず生活のため仮小屋を建てているとか、不法占拠にはそれなりの理由を申し述べますが、市民の快適な自由利用と広域避難場所という災害対策の必要性から厳正に対応すべきと考えます。

40　水路が消えた

事例

　私はA市建設部治水課の職員です。当市は中核市の指定を受け、地方分権一括法（地方分権の促進を図るための関係法律の設備に関する法律。平成11年法律第87号）によるいわゆる赤道・青道について、当市が管理することとなっております。当市○○町にある水路について、水路の隣接土地所有者Xさんが水路を「自分の土地である。水路を含む自分の土地の公

簿面積と合致する。水はほとんど流れておらず問題ない」と言って埋立を始めました。これから雨の多い季節になります。どうしたらよいのでしょうか。

> **ポイント**
> ① 水路（青道）の保全
> ② 青道・赤道についての公有財産としての市の管理
> ③ 水路（青道）の機能侵害に対する対応

■ 回答
1 水路（青道）の保全と公有財産としての市の管理

水路を原状回復すべく、法的手続の検討を始めるべきです。

本事例のように、水路・青道が現状を変更されて、私有地に取り込まれている事案が多発しています。地方分権一括法施行前は、水路・青道は国有地であり、管理を当該地方公共団体が行っており、地方公共団体の水路・青道に対する権原は必ずしも明確ではありませんでした。

本事例の場合、直ちに地方分権一括法に基づきＡ市が国から譲与を受けた水路か否かを、譲与の申告書類や水路の登記簿、図面等を確認の上、現地踏査等を経て、Ａ市管理の水路であることを確認の後、Ｘさんに対し、水路の埋立を止めて原状回復をなすべき旨を書面で請求します。

2 水路（青道）の機能侵害に対する対応

Ｘさんがこれを無視した場合には、裁判所に対して妨害禁止、又は現状変更禁止等の仮処分の申請を行うべきでしょう。そして、すでに埋立がなされてしまった部分については原状回復を求める訴訟（場合によっては所有権の確認訴訟あるいは境界確定請求訴訟も併せて）を提起し、今後紛争が生じないよう解決に努めることが肝要でしょう。

赤道の例ですが、地方公共団体が赤道を時効により取得され所有権を喪失した事例について、地方自治法242条の2の怠る行為として住民訴訟が提起された事例があります。

さらにXさんの水路の埋立の程度がひどく、周辺に浸水が及ぶ、当該水路に依存する田畑への水の供給排水ができないなどの場合には水利妨害罪（刑法123条）での刑事告訴もあわせて検討すべきでしょう（堤防を決壊させ、水門を破壊し、その他水利の妨害となるべき行為又は出水させるべき行為をした者は、2年以下の懲役若しくは禁錮又は20万円以下の罰金に処する）。

Ⅳ　公営住宅

〈具体的事案の解決事例〉

41　市営住宅入居についてのクレーム

事案

　私は、A市建築課住宅係の係長をしております。当係は市営住宅の建設改善管理の仕事をしており、市営住宅の入居申込の受付窓口と、審査は当係が事実上行っております。本日午後1時ごろ、当市市民のYさんが、娘さんが結婚されるとのことで、市営住宅の入居申込みにみえました。申請書と必要添付書類を精査したところ当市の市営住宅条例に規定する入居資格に該当しないことを申し上げました。そうしたら「娘に結婚するなというのか」「お前が娘の面倒をみろ」と怒鳴りはじめ、提出した申請書を私の手から奪い取りやぶり捨てたほか、それを制止した私の部下のB主任の左顔面を数回にわたり手拳で殴打するなど暴行を加え、さらに「俺を止めようと生意気なことをするから殴られるのだ、それが市民に対する態度か」、と怒鳴り重ねて入居を受け付けるよう求めたほか「条例、条例というが間違っている条例もあるぞ、お前らみたいな職員はとばしてやる。市長の自宅に今から行って、けりを付ける」と言って、市庁舎から出て行きました。どうしたらよいのでしょうか？

第1編 基 本 編

> **ポイント**
> ① 市職員が暴行を受けた場合の市としてとるべき必要な対応
> ② 市営住宅入居資格のない住民からの入居要求に対する対応

■ 回答

　本事例は市営住宅入居資格がない住民からの入居の要求に対する対応について拒否すべき事案であるとともに、正当な対応をした場合、市職員が暴行を受けた場合の市としてとるべき必要な対応を検討するものです。

1　市職員が暴行を受けた場合の市としてとるべき必要な対応

(1)　報告・連絡

　まず、上司の建築課長へ報告し、さらに総務部、市長公室及び副市長等に連絡します。市長宅への連絡、警察に対して市長宅への連絡と市長宅の警備要請も必要に応じて行います。

　Ｙさんについては、暴力を絶対に許さないという断固たる決意を示すためにも刑事告訴をすべきです。放置して第2、第3のＹさんを出現させてはいけません。

(2)　役所全体として対応する体制づくりと警察への警備要請

　まず、あなたの上司である建築課長に報告するとともに、総務部や市長公室及び副市長等にも連絡して、住宅係だけでなく市役所全体として今後の対応ができる体制にすることが大切です。

　また、Ｙさんの来庁時間からみて、市長が在宅の可能性は低いと思われますが、本当にＹさんが市長の自宅に赴く可能性もあります。そこで、市長の自宅へＹさんの人相風体等を連絡して応接等しないように連絡するとともに、警察に対して市長の自宅についての警備要請を行うことも必要です。

(3)　警察に対する迅速な刑事告訴

　ＹさんがＢ主任の顔面を手拳で殴打した行為は暴行罪（刑法208条）にあたりますし、この殴打によってＢ主任が怪我をしていれば、Ｙさんに傷害罪（同法204条）が成立します。

　また、Ｙさんが作成・提出してあなたが持っていたＡ市営住宅入居申請書をあなたの手から奪い取って破り捨てるＹさんの行為には公用文書毀棄罪（同法

258条）が成立します。公用文書毀棄罪の成否においては、私人が作成した文書であっても役所へ提出した場合には公用文書として扱われます。

　さらに、YさんがB主任を殴打するに至る経緯によってはB主任を殴打したYさんの行為には公務執行妨害罪（同法95条1項）が成立する可能性もありますし、Yさんの怒鳴り声の大きさや周囲の状況によっては威力業務妨害罪（同法234条）が成立する可能性もあります。

　公正かつ適切な行政サービスを公平に提供するためには建物としての市庁舎の平穏が維持されることが必要不可欠であり、怒声や暴力によって自己の要求を実現しようとする行為を放置しておくべきではありません。警察に対して、直ちに110番通報し、そしてYさんを刑事告訴すべきです。

　この刑事告訴は、A市の毅然とした姿勢を示すためにも、その後の再犯を防止して市長その他の市関係者の新たな被害を発生させないためにも、至急行わなければなりません。翌日に告訴するようでは遅すぎます。

　なお、暴行罪や傷害罪の被害者はB主任ですので、B主任が告訴権限を有します。一方、威力業務妨害や公用文書毀棄罪の被害者はA市ですので、一般には市長が告訴権限を有することになります。迅速な対応ができるように、あらかじめ条例等で、A市としての告訴権限を有する者を市長以外にも定めておくべきです。被害内容に応じて、各担当の部長に告訴権を認めておくというのも一つの方法です。

(4) 損害賠償請求

　B主任はYさんに殴打されていますので、Yさんの不法行為を理由として損害賠償請求をすることができます。B主任は公務の遂行中に被害を受けたものですから、市は、何らかの形でB主任の被害回復について協力・支援をすべきだと考えます。

(5) 行政の姿勢

　職員が職務中暴行を受けた場合、告訴・告発のみではなく、検察庁に対して厳罰を求める「上申書」を提出する必要があります。なぜならば仮に「罰金」「起訴猶予」という処分で不当要求行為者の身柄が解放された場合、職員に対して十分な安全をはかれるかという問題、また職員に対して無力感を与えることがあるからです。同種の事例の場合、市長名の行政文書により検察庁に対して上

申書を提出した例、弁護士を通じて検察官に対し被害状況を説明した例があります。

2　市営住宅入居資格のない住民からの入居要求に対する対応

　市営住宅は公営住宅法によれば「健康で文化的な生活を営むに足りる住宅を整備し、これを住宅に困窮する低額所得者に対して低廉な家賃で賃貸し、（略）国民生活の安定と社会福祉の増進に寄与することを目的」（法1条）として設置・管理される公有財産です。各地方公共団体では、各地の実状に応じ所得要件、家族要件を定めています。要件・要綱に反しての入居は公有財産管理を怠る行為として、違反した担当職員は法的責任を問われることにもなります。拒否すべき案件です。

42　団地の困りごと──迷惑な住民対策

事例

　私は建設部市営住宅課の職員です。○○地区にあるニコニコ団地は2階建てアパート20棟があり、1棟あたり4世帯が住み、300人あまりが生活している市営住宅です。低層の建物であるため近隣との交流があり、和気藹々の団地といわれています。ところがこのたび入居したXさんは早朝から酒を飲み近隣住民宅におしかけ、朝、集団登校の小中学生に対して、包丁を持ち出し「うるさいガキだ、殺してやる」と怒鳴っています。数度にわたり警察に通報し、事情聴取のため警察署に連行されましたが、身柄がとられないことをよいことに町内会長、警察への通報者に対して包丁を持ち出し、怒鳴りちらしています。本日団地自治会から相談がありましたが、どのように対応すればよいのでしょうか。

ポイント
① 　入居者の安全安心を守る責任の所在
② 　法的対応と住民の安全確保

■ 回答

1　入居者の安全安心を守る責任の所在

　このような相談を担当の住宅課で受けたとき、地域住民同士の問題であり、解決は住民同士で相談して行うように教示することでよいのでしょうか。

　もし、住民がXさんの行為「近隣住民宅におしかけ、朝、集団登校の小中学生に対して、包丁を持ち出し「うるさいガキだ、殺してやる」と怒鳴っている行為」を止めるためには、住民が債権者となり、平穏な生活を侵害されたとして、①包丁を持ち出して住民を脅さない、②住民が庇護する児童に対して暴言をしてはならない、③住民に対して威圧的言動をしてはならない、④その他平穏な生活を妨害する行為をしてはならない、等の生活妨害禁止の仮処分の申立を地方裁判所に対してなすことが必要です。しかしながらこの生活妨害禁止の仮処分の申立については住民が申立人となる必要がありますので、団地のどこの住民か特定がなされます。Xさんが包丁を持ち出し、小中学生に暴言を吐く等の異常な行動をなすこと、警察への通報者、町内会長をも脅していることからも、安全を100パーセントはかることは困難であるとも考えられます。

　住宅行政の在り方としてどうするべきか、市としては住民の生活の平穏と安全を守る責任があると考えます。

2　法的対応と住民の安全確保

　本事例と同様な事例の場合、以下のような対応をとりました。
①　Xさんの市営住宅から退去を求めるための代理人選任
②　弁護士によるXさんの住民に対する生活妨害行為の聞き取りと証拠化
③　市営住宅迷惑行為措置要綱の該当性の検討、市営住宅条例の明渡条項の該当性の検討

〈検討の結果〉

　市営住宅迷惑行為措置要綱に定めた迷惑行為である、①高声、恫喝等の粗暴な行為による近隣住民又は近隣入居者に対して、精神的苦痛又は恐怖心を与える行為、②近隣住民又は近隣入居者に対して、殴る、蹴る、恫喝その他の言動により精神的苦痛又は恐怖を与える行為、③刃物、金属棒その他危害を加える恐れのある物を携帯し、近隣住民又は近隣入居者に対して恐怖を与える行為に

該当すると判断するとともに、公営住宅は、健康で文化的な生活に足りる住宅を整備し国民生活の安定と社会福祉の増進に寄与する（公営住宅法1条）ために整備されることから、Xさんの行為は住民に対して健康的で文化的な生活を営むための住宅を提供する市の義務を妨害するとも判断しました。したがって契約の継続は困難である状況です。

また、前記各行為が市営住宅迷惑行為措置要綱の迷惑行為に該当するかは市営住宅条例の明渡の請求の項、①条例・この条例に規定する規則の違反、②市長が管理上必要と認めた時に該当するとも判断しました。

裁判上の手続により、当該Xさんに対して明渡請求をなすこととしました。訴えの提起は市長の専決処分によりました。

以上の対応により、Xさんは市営住宅を退去しました。

V 公共施設の利用

〈具体的事案の解決事例〉

43 反社会的勢力の公共施設利用

事例

　私は、W県社団法人文化センターの管理部の職員です。理事長はW県知事が就任しております。3か月程前、当文化センターの使用申込みの係に「団体O」という団体が、設立20周年記念祭典を開催するという目的で申込みをし、受付をいたしました。ところが、この「団体O」という団体は名前ばかりの団体で、しかもイベント主催団体は「武闘派100パーセント」という団体です。本日「武闘派100パーセント」という団体の幹部の多くは現在暴力団員ではないが、元暴力団幹部であることからW県警と当施設の所有者であるW県から中止要請を受けました。しかもその記念祭典の内容が主催団体のホームページによれば「暴力の祭典・血しぶき100パーセント。迫力満点」との記載があり、過去当該両団体の主催するイベントでは多くの暴力団関係者が観戦していたこと、暴力団関係者間でトラブルが

第2章 まちづくり　V　公共施設の利用

あったとW県警から注意を受けています。現段階では受付はしましたが、まだ使用許可は出していません。「団体O」からは早く使用許可を出せと催促が来ています。どうしたらよいでしょうか。

また仮に、使用許可をした後、施設利用の承認取消しをすることはできるのでしょうか。

> **ポイント**
> ① 公共施設利用の公正性の確保
> ② 反社会的勢力により公共施設が利用されないための防止策
> ③ 暴力団排除条例の趣旨と目的

■ 回答
1　公共施設利用の公正性の確保

　各地の暴力団排除条例については公の施設の利用について許可の申請があった場合、暴力団の活動に利用されることにより当該暴力団の利益になると認められるときは、施設の設置管理に関する事項を定めた条例の規定により、当該許可をしないことができるものとすると規定しています。さらには施設の利用の許可をした後に当該暴力団の利益になると認めた時は、同様に施設の設置管理に関する事項を定めた条例の規定により、当該許可の取消しをし、利用の中止を命ずることができると規定しています。

　そもそも、公共施設は、県民・市民の税金等を使用して維持・管理されているものであり、県民・市民全体への公平かつ平穏な利用が図られるべき施設です。かかる施設について、安易に暴力団等の利用を許すことは、問題があります。

　一般に、公共施設という場合、①地方公共団体が自ら運営・管理している施設と、②その外郭団体等が運営・管理している施設とに分類されます。

　前者の場合には、地方自治法244条の適用があり、「公の施設」として「正当な理由」がない限り利用拒絶できず、「不当な差別取扱い」をしてはならないとされています。裁判例の中には、利用拒絶をするには、当該利用を許すことにより人の生命、心身、財産あるいは公共の安全が損なわれる明らかに差し迫った危険の発生が具体的に予見される必要があるとするものもあります。後

者の場合には、地方自治法244条の適用がないので自由に判断してよいとも考えられますが、公共施設としての性質上、適正な適用が求められています。

本事例の場合、後者にあたりますので、まず適正な利用に反しないか否か検討しなくてはなりません。

2 反社会的勢力により公共施設が利用されないための防止策と暴力団排除条例の趣旨と目的

前提として、当該公共施設の利用規約に暴力団関係者等の排除条項（暴力団等排除条項）を定めていることがあります。この条項を定めていれば、問題なく拒絶できると考えます。

その条項の実例を挙げると「暴力的行為等、違法な行為を行うおそれがある団体もしくはその関係者、又は事業内容が明確でない団体が主催、共催、後援もしくは協賛する行事に利用するとき。また、これらの団体の利益になると認められるとき」という内容です。このような排除条項があらかじめ定められており、施設利用の申込時に、当該申込者が前記排除対象者であることが認識できれば、その利用を拒絶すべきです。

通常、利用規約には、不適正な利用を拒絶するための条項が設けられているはずであり、暴力団等の使用が当該条項にあたることが多いと考えられます。

仮に条項がなくとも「施設の管理・運営上支障があると認められるとき」「申込時の利用目的と利用時の内容が著しく異なる」等の条項があると考えられ、これにより、利用を拒絶すべきであると思われます。

本事例について、第1に、申し込み団体「団体O」・イベント主催団体「武闘派100パーセント」についての暴力団との関連性です。申込書については当然暴力団との関係性がないとの誓約条項が記載されています。これに加えて申し込み団体「団体O」・イベント主催団体「武闘派100パーセント」役員幹部全員について、「暴力団員でないこと、5年以内に暴力団員でなかったこと、暴力団との密接交際がないことの宣誓、宣誓違反については詐欺罪（刑法246条2項）に嫌疑される旨の警告」を記載した書面を徴求し、かつ面談の上ヒアリングしてください。

第2に、このような「暴力の祭典・血しぶき100パーセント。迫力満点」と

のイベントの開催は暴力の賛美であり暴力団員の好むところです。会場警備について、過去の実例を引用し具体的警備計画、観客の安全対策についての具体的仕様書を提出させてください。

　他方、施設管理者独自の情報収集や新聞記事等の公開情報により、当該団体幹部の調査もしてください。

　なによりも、イベントの内容について当該施設の利用目的について公共施設であることから「暴力の賛美。差別を助長する行為。性を売りものにする行為。」については施設の設置目的から排除をする条例規則を制定する必要があります。

　仮に許可したとしても、取消しを検討すべき案件です。本事例の場合、暴力団排除及び会場の安全の観点からも、使用を取消すという姿勢が必要です。訴訟リスクを考慮して「前記誓約書、安全対策についての仕様書の提出がないかぎり、許可取消しもありうる。申請そのものを取り下げるように、もし開催するとなれば、施設側としても警備体制について厳重にせざるを得ない。警備体制について警察の協力も要請する」とねばり強く主張してください。もちろん警察との連携も必要です。

〈現場における具体的対応要領〉
～クレーム対策実践編（行政の財産維持・管理）～
〔具体的事例から、現場においてどのように対応するか。〕

44 道路瑕疵

> **Q** 私は市役所の道路管理課に勤務しています。当市の住民と名乗る市民Xさんが窓口に押しかけ「道路に穴があいていた。俺の娘がデートのためハイヒール（ピンヒール）を履いて出かけようとしたら、穴にヒールが入り、ヒールがとれた、自慢のハイヒールがダメになり、デートもキャンセルだ。彼氏にふられると家に籠って泣いている。どうしてくれるんだ、見舞いに来い」と怒鳴っています。どうしたらよいのでしょうか。

第1編 基本編

A　　はたして道路瑕疵にあたるのでしょうか。また道路の穴を確認できるのでしょうか。Xさんの主張は具体的な主張なのでしょうか。

　本事例について「Xさん、穴はどこにありますか。ハイヒールのヒールはどのようにしてその穴に入ったのですか。穴の形状はどうですか」と質問してください。ハイヒールのヒールが壊れるような穴であれば、捻挫等の受傷の可能性もありますので、ヒールが壊れた時の状況を具体的に聞いてください。

　そして「見舞いには行きません。具体的な状況が不明ですから」と回答するとともに、現地の状況を記録化してください。なお彼氏にふられるかふられないかは、道路瑕疵とは全く関係ありません、言及すら必要ありません。「それはお気の毒です」というような相手方に迎合するような言動は慎むべきです。

45 公共施設の利用についてのクレーム①──反社会的勢力？

> Q　私は社団法人文化センターの管理部の職員です。理事長はW県知事が就任しております。昨日県と警察から「武闘派100パーセント」という団体が主催者として「団体O」の名称で、イベントの申し込みをするという情報が入っています。「武闘派100パーセント」という団体の幹部の多くは現在暴力団員ではありませんが、元暴力団幹部であること、過去他の県の公共施設のイベントにおいて暴力団員が観戦していたほか暴力団員同士の殴り合いもありましたので、注意するようにといわれました。そうしたところ本日「団体O」の名称でイベント開催の申し込みがありました。どうしたらよいのでしょうか。

A　　申込書を提示し、
①　「当施設の利用規約に暴力団関係者等の排除条項（暴力団等排除条項）を定めています。本条項について確認してください」
②　「申込書については暴力団・暴力団との関係性がないとの誓約条項が記載されています。間違いありませんか」申し込み団体「団体O」・イベント主催団体は「武闘派100パーセント」、役員幹部全員について「暴力団

員でないこと、5年以内に暴力団員でなかったこと、暴力団との密接交際がないことの宣誓がとれますか」「宣誓違反については詐欺罪（刑法246条2項）に嫌疑される可能性がありますよ」
③ 「申込書を見るかぎり、申し込み団体は「団体○」・イベント主催団体は「武闘派100パーセント」となりますが、どうしてですか。利用代金の請求先はどこですか。会場管理の責任主体はいずれの団体ですか」
④ 「情報によれば他の県の同種のイベントで暴力事件が起きたとのことですが、事実ですか」
⑤ 「県警察への問い合わせはご了解ください」

等を申し述べてください。このように詳細に質問すれば申し込みは撤回される可能性が高いと考えます。

46 公共施設の利用についてのクレーム②──申込書は受け付けろ！

Q 前問の場合、それでも「団体○」の担当者は、受付だけでもしろと怒鳴っています。どうしたらよいのでのしょうか。

A 「申し込み団体「団体○」・イベント主催団体「武闘派100パーセント」の役員幹部全員について、「暴力団員でないこと、5年以内に暴力団員でなかったこと、暴力団との密接交際がないこと」の宣誓書を提出してください。申し込みを受け付けるか否かは、それからです。

当施設は公共施設です。「暴力的行為等、違法な行為を行うおそれがある団体もしくはその関係者、または事業内容が明確でない団体が主催、共催、後援もしくは協賛する行事に利用するとき。また、これらの団体の利益になると認められるとき」は利用できません。申込用紙の要項を確認してください。

不適正な利用を拒絶する責務があります。暴力事件の情報があるかぎり「施設の管理・運営上支障があると認められるとき」と判断できますので、よく考えてください。申し込みの受付はできません」と回答してください（具体的事例43参照）。

第1編 基本編

47 公共施設の利用についてのクレーム③―ホワイトである証明？

> **Q** 前問の場合、改めて「団体O」の担当者は、代理人弁護士を同行し、申し込み団体「団体O」・イベント主催団体「武闘派100パーセント」いずれの役員幹部全員について、「暴力団員でないこと、5年以内に暴力団員でなかったこと、暴力団との密接交際がない」と担当者と弁護士が説明し、弁護士から信用しろと言われました。対応を教えてください。

A 前問の回答と変わりません。誓約書の徴求は必須です。弁護士の説明といっても信用してはいけません。依頼者の代理人にすぎません。したがって受付拒否です。

参考になるかどうかわかりませんが、公共工事について、契約後、下請会社が隣県の暴力団関連企業であり、しかも代表者が、暴力団を背景に恐喝未遂事件により逮捕されたことにより、隣県の公共工事から排除されていたことが判明した事件がありました。誓約書が提出されていること、商号変更されたことから暴力団排除条項に該当しないと判断したのですが、隣県の警察本部からの強い抗議があり、さらには当県独自の調査により誓約条項違反が判明しました。その際すでにホワイト化し、暴力団とは関係遮断ができたとの弁護士名による報告書が提出されましたが、公的機関である隣県警察本部の回答に従い、元請会社とも公共工事から排除した例があります。

第3章　福祉・医療

Ⅰ　福祉行政

〈具体的事案の解決事例〉

48　福祉行政に対するクレーム①――生活保護受給

> **事例**
> 　私は、A市福祉部において、生活保護の相談担当の仕事をしております。当市東西町のXさんが窓口に来られ、「生活保護を受けたい。現在公営住宅の家賃減免措置を受けているが、職を先日なくした」とのことでしたので、生活保護の受給要件を検討したところ、資格がありましたので、Xさんに生活保護受給の手続をしました。そうしたところ「生活保護の受給金額が違う。生活保護を受けたことにより公営住宅の家賃が上がり、生活設計が違った。だまされた」と何度も抗議の電話がかかり、ついには本日窓口で「詐欺師・人殺し」と叫び閉庁時間を超えても退去しません。どうしたらよいですか。

> **ポイント**
> ① 　生活保護基準の法定の原則
> ② 　生活保護窓口における市民への基本的対応
> ③ 　説明不足の場合の対処方法

■**回答**

1　生活保護基準の法定の原則と生活保護窓口における市民への基本的対応

　本事例について、A市はXさんに対して生活保護法等の法令に従い受給手続を行っており、法令上何ら落ち度はありません。特に公営住宅の家賃について

は、その減免措置について当該公営住宅を管理する都道府県において個別に規定されているところです。A市としては関与できる案件ではありません。

ただし、ここで考慮しなくてはならない事項があります。Xさんの住んでいる公営住宅がA市の管理する公営住宅ではなく、A市の所在する都道府県が管理する公営住宅である場合、当該管理する地方公共団体において独自に家賃設定、家賃の減免措置を行うことになります。Xさんが当初生活保護の受給について相談に見えたとき、住まいがどこかは生活保護の相談窓口の担当者は当然に把握できる事情であり、また生活保護の受給について、単に収入面ではなく、聞き取りをする過程からXさんの生活歴等を十分把握できることから、家賃減免の過程も知りうる事案だからです。

2　説明不足の場合の対処方法

本事例については、決して未然に防げない案件ではありませんし、行政サービスとしていかがかとの疑問を有する事案です。

生活保護について聞き取りのフローチャートを作成する等防止策を講じることも必要です。

本事例については、「生活保護を受けたことにより公営住宅の家賃が上がり、生活設計が違った」との苦情については法令上やむを得ないと説明すること以上の対応は不可能です。

しかしながら高齢者しかも生活困窮者については「怒り」の対象を窓口に向けるということはよくあることです。このような場合でも「説明不足・調査聞き取り不足により市民の不信感の発生を防止できる案件」については、謝罪は必要ありませんが、できる限り丁寧に対応すべきです。

ただし、本事例のように「抗議の電話」、本日窓口で「詐欺師・人殺し」と叫び閉庁時間を超えても退去しないとの行為に対しては、Xさんの対応について不相当、業務妨害として厳正に対応するとともに、今後同様な事案が生じないよう前記のとおり留意すべき案件です。窓口を弁護士に代え、「怒り」の矛先をかえ沈静化させることも一つの方法です。

49 福祉行政に対するクレーム②——生活保護手続

事案

　私は、A市福祉部において、生活保護の相談担当の仕事をしております。当市東西町のXさんが窓口に来られ、「生活保護について説明して欲しい」とのことでしたので、「Xさん自身のことですか」と確認しましたところ、「自分の従兄弟のことである」と言われたので、一般的な説明をしました。その翌日、Xさんは社会運動標榜団体の名刺を持参し、「実は昨日の話は自分の問題であり私の説明が十分でない。親身ではない」と強く非難されました。そこで再度窓口で説明しましたが、翌々日「説明が納得できない、福祉政策が問題だ。私も同席の上、福祉政策について課長から説明しろ」と求めてきました。また「私の態度が悪いから謝罪を求める。反省文・謝罪文を書け、団体の所属する研修をおまえも受けろ」と福祉部長に強く面談を求めています。
　「市民の苦情として真摯に聞け」というのが課長の意見ですが、どうしたらよいのでしょうか。

ポイント

① 「反省文・謝罪文を書け、団体の所属する研修を受けろ」との要求に従うべきか
② 「市民の苦情として真摯に聞く」案件かどうか
③ 団体を背景にした圧力に対する対処と不当要求対応

回答

1 「反省文・謝罪文を書け、団体の所属する研修を受けろ」との要求に従うべきか

　生活保護の受給資格の説明を行い、反省文の作成も研修の誘いも断るべきです。

(1) **社会運動標榜行為**

　本事例の「団体幹部」の名刺を持った人物の一連の行為はいわゆる社会運動標榜行為と思われます。その典型例が「エセ同和行為」です。
　「エセ同和行為」とは、同和問題を口実にあるいは同和団体を名乗って、企

業や市民、行政機関等に対して不当な利益や義務なきことを要求する行為を言います。

「エセ同和行為」は同和問題とは全く無縁の不当な行為です。中には実在の同和団体をかたって不当な要求をする者もいるようです。そこで、客観的な行為、すなわち相手方の要求行為が、同和問題を口実にあるいは同和団体の名をかたった不当なものか否かで判断し、不当な場合にこれを「エセ同和行為」と判断できるのです。「納得できない」「誠意がない」「謝罪文・反省文を書け」というのは典型的な不当要求の手口です。

「エセ同和行為」、その他の社会運動標榜行為に対するときは、それが不当な行為であることを認識し、毅然とした態度で臨むことが肝心です。人権問題をかたり自己の要求主張があたかも正当な理由であると誤信させるのが「社会運動標榜行為」です。あくまでも不当な要求か否か「行為」を基準に考えてください。

特に最初の対応が重要で、相手方の不当な要求には断固として拒否する姿勢を見せ、付け入るすきを与えないようにすべきです。

(2) **差別にあたるか**

法令に基づく生活保護の受給資格をどの市民についても同じ基準で審査しているのですから、差別にはあたりません。Xさんの受給資格の問題点を指摘することはまさに適正な行為です。その旨を相手方に明確に伝えてください。

(3) **反省文**

反省文を書く必要も義務もありません。

反省文を書かせる目的は、こちらの出方を探るとともに、非を認めさせて、要求をさらにエスカレートさせることにあると思われます。

(4) **研　修**

研修を受けることも、責任を認めたことになりかねず、さらに、今後の長い交際を要求されたりするおそれがあります。また、「市の職員も当団体の研修を受けています」と写真入りで（後ろ姿の写真が使われたりもします）団体の宣伝に利用されるおそれもあります。

「私費で」という言葉は、表面的には公務員の立場とは関係ないという意味をにおわせていますが、実際には、前記のようなおそれが潜んでいます。

2 「市民の苦情として真摯に聞く」案件か

また、本事例の市民の要求、対応は不当要求行為にほかならず、「市民の苦情として真摯に聞く」案件ではありません。断固たる決意の下、厳正に対応すべき案件です。

3 団体を背景にした圧力に対する対処と不当要求対応

断っても相手方の要求がある場合、これを拒絶する対応策として次のような手段が考えられます。

(1) 内容証明郵便の活用

相手方の要求に応じないことや刑事告訴等の法的手段をとる意思を明確にすることにより、相手方の要求が収まることがあります。

また、内容証明郵便は、仮処分申立をする際の証拠の一つにもなります。

(2) 仮処分の申立

裁判所から面談の強要禁止の決定を出してもらい、相手方の要求行為を禁止してもらえます。

それでも相手方が仮処分決定に違反して要求行為を続けた場合には、後記(3)の強要罪の有力な証拠ともなります。

(3) 刑事告訴

生命・身体等に害を加える旨を告知して脅迫し、又は暴力を用いて、義務のないことを行わせる行為は、強要罪（刑法223条）にあたりますので、警察へ告訴するべきです。

(4) 弁護士への依頼

エセ同和行為者の中には、知能犯的色彩を持っている場合も多いので、事案に応じて、弁護士に相談するのも有効です。

(5) 法務局への相談

法務局、各県の同和対策室では、エセ同和行為排除のための相談を受け付けており、適切な対応やアドバイスを受けることができます。

50 生活支援制度に対するクレーム

事例

私はA市福祉課の職員をしております。当市では高齢者対策のため、要綱で一定の要件を満たす住宅について、新築改築について500万円を限度に住宅貸付資金制度を設けております。数日前当課に市民のXさんが、本制度に基づく住宅貸付資金の申し込みにみえました。申込書を精査したところ、到底高齢者対象住宅ではなく、要綱のどれにも該当しませんでしたが、それから毎日朝9時から夜12時まで連日連夜、当課窓口で怒鳴り机を叩き、私どもがメモをとっていると「差別だ」「公僕として失格だ」と怒鳴り続けました。ついに課長が本日根負けして「貸し付ける」と言ってしまいました。しかも要綱では500万円が限度であるにもかかわらず1000万円と言ってしまいました。どうしたらよいのでしょうか。

ポイント

① 窓口に対する誹謗中傷等不当要求行為に対する対処
② 職員の失言に対する法的評価と対処

回答

1 窓口に対する誹謗中傷等不当要求行為に対する対処

課長個人も市も、速やかに弁護士に相談し、弁護士に相手方への対応を依頼すべきでしょう。

課長は法令に違反した内容の貸付を行うことはできませんので、市が当該人物と貸付契約を締結したことにはなりませんが、課長個人の不法行為責任やその雇い主である市の責任が問われるおそれがあります。

2 職員の失言に対する法的評価と対処

(1) 貸付の契約は成立するか

まず、当該人物を閉庁時間以降も居座らせたことが問題です。少なくとも閉庁時間前には退去要求をすべきでした。では、課長が要綱に反するにもかかわらず貸付をすると言ってしまったことで、市に資金を貸し付ける義務は生じる

でしょうか。「根負けして「貸し付ける」と言ってしまいました。しかも要綱では500万円が限度であるにもかかわらず1000万円と言ってしまいました」という事案について検討すれば、まず契約の様式主義があります（地方自治法234条5項）。口頭では契約は成立せず、貸し付ける義務はありません。

　もっとも行政は法令に基づき運営されるものです。課長は、法令に違反した内容の貸付を行うことはできません。ですから、課長が要綱に違反した内容の貸付を行うと言ってしまったとしても、課長の権限を越えた行為ですので、この点からもXさんと市との間で貸付契約は成立しません。

(2) 他の責任はあるか

　他方、課長が法令に違反する貸付の約束をしてしまったことについて、Xさんが雇い主である市に対して、不法行為責任を追及することも考えられます。

　しかし、Xさんは、あなたから要綱の基準を満たしていないことを伝えられ、貸付を受けられないことを知っていたにもかかわらず、毎日朝9時から夜12時頃まで窓口に居座って「差別だ」「公僕として失格だ」などと怒鳴ったり、机を叩き続けたりして、課長に対し貸付を強要したのです。したがって、脅迫にあたると考えられます。以上を前提にすれば、本事例では結論として、市は不法行為責任も負わないこととなります。

(3) 相手との交渉

　そもそも本事例は、まだ口頭で伝えた時点ですので、直ちにこれを取り消す旨を相手方にはっきりと伝えるべきでしょう。内容証明郵便で伝えたほうがよいかもしれません。

　現在、課長はXさんと対等な関係で話し合いができる状況ではなくなってしまっていますので、課長自らが今後もXさんとの対応をするのは無理だと思われます。

　このような場合には速やかに弁護士に対応を依頼すべきです。

第1編 基本編

51 介護保険申請についてのクレーム

事例

私は、A市福祉部福祉課において介護保険の担当の職員をしております。当市の市民Yさんが窓口を訪れ、介護保険の申請手続について、①私は字が汚いので代筆してほしい、②要支援ではなく要介護3の認定をしてほしい、③介護の認定が納得できない時は、説明ができないあなたの責任だ、④介護保険が年金から支払われていることから当然要求に応じるべきだ、⑤要求に応じないのは人権侵害だ、⑥市役所の様子をYouTubeで流してやる、と言ってきました。どうしたらよいでしょうか。

ポイント
① 介護保険申請手続についての説明とその範囲
② 申請手続についての「代筆」の可否
③ 申請者の要望が不当要求行為にあたるか

回答

結論から言えば、Yさんのいずれの要求にも応じるべきではありません。

1 介護保険申請手続についての説明とその範囲と代筆依頼の可否

（1） 介護保険での要介護認定について申請する場合、当該市民は、自宅での自力の生活が難しくなってきた、病院の退院後の暮らしに不安を感じた時に申請するケースが多く、申請する時期については定められた時期等はありませんが、本人又は家族が必要と感じた時に申請されます。

要介護認定の流れを説明しますと、①市町村の担当窓口に電話などで相談、②本人又は家族が市町村などに要介護認定の申請、③－1主治医の意見書（市町村の依頼で主治医が作成）、③－2訪問調査（市町村の職員が自宅を訪問して審査）、④要介護度の決定（認定結果通知・申請から30日以内に通知）、⑤－1要介護、要支援と認定、⑤－2非該当と認定、となります。

（2） 申請については、介護を必要としている本人以外でも利用者の家族であ

れば可能です。また、家族に頼ることが困難であれば「地域包括支援センター」「居宅介護支援事業者」「介護保険施設」の職員が代行して申請することができます。本事例の場合「①私は字が汚いので代筆してほしい」との要求については前記のとおり本人以外でも介護保険申請の手続ができる旨の説明をすべきです。「代筆」は後ほど自己の署名ではない偽造であり、申請書の記載の内容を巡り記載内容が虚偽であるとのトラブルをもたらす危険性が多いです。前記代理申請が可能な手続がありますので、その手続によるべきです。

(3) 話は少し離れますが、福祉の現場においては、高齢者の家庭環境、生活状況に職員が同情のあまり、高齢者から生活資金等金銭の預かりをなす場合があります。成年後見制度活用により高齢者の財産管理が可能ですので、私的に預かるということはコンプライアンス違反と捉えてください。

2　申請者の要望が不当要求行為にあたるか

「④介護保険料は年金から支払われていることから当然要求に応じるべきだ、⑤要求に応じないのは人権侵害だ、⑥市役所の様子をYouTubeで流してやる」という問題については、介護保険料徴収については法律で規定されていることから人権侵害にはあたらないと明言し、要求に応じることと介護保険料の徴収とは問題が異なることを明言すべきです。

なお「YouTube」で流すことについては、無断撮影・録画にあたり、市民のプライバシー保護の観点から、差止請求（法的対応）をされる可能性があることを教示すべきです（本編問題4・52回答・後述第2編課題3参照）。

52　公的支援制度に対するクレーム

事案

私はA市地域振興課の課長をしております。当市では中小企業対策のため、条例で一定の要件を満たす事業について、営業資金として無担保、無保証で低金利で500万円を限度に貸付資金制度を設けております。本日当課をXさんという市民の方が本制度に基づく貸付資金の申し込みにみえました。申込書を精査したところ、条例上の貸付対象には該当しますが、全

第1編 基本編

く回収の見込みがないことが判明し、条例の規定上貸付はできない旨申し上げました。そうしましたら突然当課窓口で怒鳴り、机を叩き、「中小企業を殺す気か」「俺に首をくくれというのか」「自殺する」と怒鳴り続けました。

本日職員の一人から課長の対応が「YouTube」の動画に出ている。正義の市民Xと名乗る人が、「市民を自殺に追い込む人殺し課長だ、条例と市民の命とどちらが大切だ」とコメントしていると報告してきました。早速っ確認すると庁舎内が撮影され「回収の見込みがないこと、条例の規定上貸付はできない」との私の会話のみが音声で聞こえます。家族も、「近所から冷たい人」と言われ肩身の狭い思いをしています。どうしたらよいのでしょうか。

ポイント
① 公的資金貸付手続に対する要求・不当要望
② 職員の対応が「YouTube」の動画に出ている場合の措置
③ 職員に対する誹謗中傷

■回答

1 公的資金貸付手続に対する要求・不当要望

課長個人も市も、速やかに弁護士に相談し、弁護士に相手方との対応を依頼すべきでしょう。課長は法令に違反した内容の貸付を行うことはできません。法的要件も満たしていませんので、市が当該人物と貸付契約を締結したことにはなりません。

2 動画などによる誹謗中傷の対策

「YouTube」に課長の動画が出ている。正義の市民Xと名乗る人が、「市民を自殺に追い込む人殺し課長だ、条例と市民の命とどちらが大切だ」とコメントしている状況にどう対応すればよいでしょうか。あきらかに課長の肖像権の侵害であり、文言は名誉毀損です。しかも庁舎管理に違反した撮影がなされ、市民のプライバシーが侵害されている可能性があります。YouTube運営側に当該課長より、肖像権侵害、名誉毀損を報告理由として削除依頼を求めるべき

です。YouTubeはすべての利用者に対して他者への誹謗中傷、名誉毀損などを目的とした嫌がらせコメントを投稿することをコミュニティガイドラインで規制しています。コメントを報告しても削除されない場合はYouTubeヘルプセンターページ内の名誉毀損報告フォームからの削除依頼を求める方法もあります（この場合専用フォームに入力した氏名住所が投稿者に明らかになることもあります。慎重な対応が必要です。）。

もちろん投稿者に直接削除依頼することも可能です。

いずれにしても、このような場合には速やかに弁護士に対応を依頼すべきです。

〈現場における具体的対応要領〉
〜クレーム対策実践編（福祉）〜
〔具体的事例から、現場においてどのように対応するか。〕

◆生活保護手続でのクレーム―困った市民

53 生活保護窓口のトラブル①―職員の説明に対するクレーム

Q 市民Ｘさんが、先日生活保護の窓口に来られ「生活保護を受けたい。先日職をなくした」と生活保護の申請手続をしました。生活保護の受給手続完了後、本日窓口に来られ「思っていた金額と違う。生活設計が狂った。騙された。詐欺師、人殺し」と怒鳴っています。窓口としてはどのように対応すればよいのでしょうか。

A 「生活保護の受給金額については、法令等により基準が定められています。生活設計が狂ったとおっしゃっても基準を変更することはできません。あくまでも、資料調査の上の判断です」と回答します。増額の請求に対しても同様の回答をします。ただし、救済手続について、必ず教示することを忘れてはいけません。

受給金額の決定は行政処分であることから、行政不服審査法に基づき審査請求ができること、不利な受給決定がされたことを知った日の翌日から起算して

第1編 基本編

3か月以内にしなければならない旨を教示すべきです（行政不服審査法18条）。なぜならば生活保護等社会的弱者に対しては法的知識が乏しいという前提で、その権利の実現保護にあたるのが福祉行政の根幹だからです。

54 生活保護窓口のトラブル②―対応方法に対するクレーム

> **Q** 市民Xさんが、先日生活保護の窓口に来られ「生活保護を受けたい。先日職をなくした」と相談されました。ところが相談中突然「生活に困ってここに来たのだ、親切心が足りない。おまえの目つきは貧乏人だと差別している目つきだ。謝罪して、直ちに生活保護の受給の決定をしろ」と怒鳴っています。窓口としてはどのように対応すればよいのでしょうか。

A 窓口の対応として、生活保護制度下の憲法上の生存権（25条）を実現するための権利であり、個人の尊厳（13条）にもかかわる権利であることを忘れてはいけません。悩み苦しんで相談窓口に来庁するのが相談者です。本事例の場合「相談に来られた経緯・事情についはお話をうけたまわります。生活保護制度については国民の権利ですのでその実現について協力できるように、相談をうけたまわります。ただし法に基づく制度ですので、細かいこと、個人のプライバシーに関わるXさんにとって不愉快なこと等について質問し、調査をしなくてはなりません。差別の意識は毛頭ありません。また法制度上審査のために時間がかかります。生活保護の受給決定を待つことができないご事情があるならば、生活支援制度を利用してください。窓口は○○です。」と回答してください。相手方が怒鳴る・要求が法的に不可能な場合であっても、冷静に対応することが必要です。

第3章 福祉・医療　Ⅱ　医療・保健衛生

Ⅱ　医療・保健衛生

〈具体的事案の解決事例〉

55 市民病院・福祉施設への入院・入所圧力

事例

私はＡ市市民病院事務局職員です。Ａ市の顔役といわれる市会議員のＤ先生が、私と市の福祉課長を議会事務局応接室に呼び出しました。要件は知り合いのＰさんについて、「最近認知症が進んできたので、入院させてほしい。もし入院が無理ならば、Ｐさんについては家族の介護も難しいので自宅療養もこれ以上は無理である。特別養護老人ホームに入所させてほしい。市民のためならば悪平等は許し難いしね。この問題は一般的な福祉の問題として、議会では私Ｄ、議会の外では、政治団体代表Ｇ氏がインターネットで対応する」と言ってきました。どうしたらよいのでしょうか。

ポイント

① 入院の圧力・特別養護老人ホームの入所についての法的手続とその説明
② 議員による圧力と職員の対応

回答

1　入院の圧力・特別養護老人ホームの入所についての法的手続とその説明

入院の必要性の有無は基本的に医学的な見解に基づくものであること、また特別養護老人ホームへの入所は原則として民間人同士の契約であり、行政が介入できないことを説明してください。

(1)　市民病院への入院

市議会議員のＤ先生と政治団体代表Ｇ氏は、Ｐさんの認知症を理由として市民病院への入院を求めていますが、Ｐさんの症状が単なる物忘れ等であって病

気とは認められないときは、医療行為を施す対象ではないので、市民病院への入院を認めることはできません。

(2) 特別養護老人ホームへの入所

D先生とG氏はPさんを特別養護老人ホームへ入所させるよう要求していますが、この要求は、老人福祉法11条1項2号が定める措置の要求と言えます。

平成12年4月1日から施行された介護保険法により、特別養護老人ホームへの入所のような老人介護サービスは、行政処分としての「措置」から、利用者（市民）と介護サービス事業者との契約によるサービスの提供へと変わりました。

介護保険法施行前は、特別養護老人ホームへの入所は、行政の処分（措置）として行われ、行政が行政の責任において入所の必要性を判断して入所の可否を決定し、費用も行政が負担していました。

しかし、介護保険制度の下では、市民の申請に基づき、要介護認定を受けたうえで、給付を受けることができる介護サービスの内容が作成され、利用者が施設を選んで、介護サービス事業者と契約して入所するようになりました。

なお、保険給付として介護サービス事業者が提供する指定介護老人福祉施設とは、老人福祉法に基づいて設置されている特別養護老人ホームであり、都道府県知事が介護保険施設として指定した施設を意味しています。

以上のとおり、Pさんの特別養護老人ホーム（介護保険上は指定介護老人福祉施設）への入所は、原則としてPさんと介護サービス事業者との契約により提供されるものであり、行政は、民間人同士の契約の締結に介入することはできません。

(3) 行政の措置として特別養護老人ホームへの入所

ただし、老人福祉法（11条1項2号）は、やむを得ない事由により、指定介護老人福祉施設に入所することが著しく困難であると認められる場合には、行政の措置として、特別養護老人ホームへ入所させることを定めています。

ここでいうやむを得ない事由とは、本人が家族等の虐待又は無視を受けている場合や、認知症等の理由で本人の意思能力が乏しく、かつ、本人を代理する家族等がいない場合等のために、介護サービス事業者との契約による介護サービスの利用や、その前提となる市町村に対する要介護認定の申請を期待しがた

い場合に限られています。

　Ｐさんについては、これまで家族が介護してきており、前記のようなやむを得ない事由は認められません。

　Ｄ先生とＧ氏に対しては、施設への入所に必要な条件を満たしていないこと、特別養護老人ホームへの入所については必要な手続をとるよう説明し、行政が介護サービス事業者と利用者との契約に干渉することはできないことを明確に示すことが肝要です。

２　議員による圧力と職員の対応

　Ｇ氏の「議会外の対応」が、役所の窓口での執拗な抗議行動など、役所の職務を妨害するようなものである場合には、警察に対して不退去罪、公務執行妨害罪、威力業務妨害罪等で告訴したり、裁判所へ抗議行動を差し止めるための仮処分命令の申立てを行う等、刑事上、民事上の手続をとるべきです。

　仮に職務の妨害とならない態様であっても、議員Ｄ先生の行為は、議員本来の職務と関係がない不当要求に過ぎません。議会基本条例、議員倫理条例に基づいて職務外の行為であり、しかも政治団体代表Ｇ氏を同行しての要求は威力を示し義務なき行為を要求するものとして、不当要求行為として、弁護士名による抗議文の発送もしくは不当要求行為対策として、ホームページ上の公開制度が設けられているならば、ホームページ上での行為の公開が望ましいと考えます。職員としては政治団体代表・議員という要求の際はどうしても判断に窮する場合があるかもしれません。そのときこそ不当要求行為対策の担当弁護士をあらかじめ選任することが望ましいと考えます。

56　市民病院・入院患者についてのクレーム

> **事例**
> 　私はＡ市民病院事務局職員です。Ａ市民病院には数年前からＭさんという方が入院しています。問題はＭさんについては、すでに入院の必要はなく完治されているのですが、自宅が狭いとのことで退院の勧めに応じない

第1編 基 本 編

> ばかりか、時々病院から温泉旅行に出かけているというように、その処遇に大変苦慮しております。特に最近問題を深刻化させているのが、その息子Nさんが「なぜ無断外泊を認めるのだ。病院の対応が悪い。退院しろという主治医は生意気だ！謝罪させろ。退院させるならアパートの借り賃を100万円用意しろ」とたびたび当事務局に押しかけて数時間、私や職員を詰問することです。事務局職員の中にはNさんにお金を払って穏便に済ませもらっている人もいるとのことです。どうしたらよいのでしょうか。

ポイント
① 入院の必要性のない患者への対処方法
② 病院職員に対する詰問、金銭要求等の不当要求行為に対する対処

回答
1 入院の必要性のない患者への対処方法

　Mさんに対しては、Mさんが占有している部分（個室であればその部屋、そうでない場合はベッド及びその周辺）の占有を排除する法的措置をとる必要があります。

　また、Nさんに対しては、警察に対する刑事告訴や、病院への立ち入りを禁止する仮処分の申立を行うことができます。

(1) すでに完治している者に対する医療行為

　治療の必要がないにもかかわらず、病院が治療を継続し、その治療分を保険組合に保険請求することは、請求に関わった病院の担当医師や事務局職員が、保険組合に対して詐欺罪（刑法246条1項）に嫌疑される可能性があることを注意してください。

　また、完治している人間を未だ完治していないかのような偽のカルテを作成することは、公務員たる公立病院の医師の場合、虚偽公文書作成罪（刑法156条）を犯すことになります。

　病院としては、Mさんの入院継続に付随する諸手続過程において、担当医師や事務局職員が罪を犯してしまうおそれがあることを厳しく認識し、病院はMさんの入院継続を容認してはなりません。コンプライアンス違反が問われます。

そこで、Mさんが病院の退去要求に従わない場合、Mさんが占有している部分（個室であればその部屋、そうでない場合はベッド及びその周辺）の明渡しを求める仮処分の申立及び本案訴訟を提起する必要があります。この場合、医療機関としてはMさんについて、医学的に症状が完治している疎明資料が必要であるとともに、仮に完治していなくても入院の必要はなく通院により治療が可能である旨の疎明資料が必要です。担当の医師・看護師等医療関係者との十分な意思疎通により「医学的見地に立つ詳細な意見書」の作成が必要となります。

また、Mさんの行為は不退去罪（刑法130条後段）に該当しますので、警察に刑事告訴をし、当局の捜査を期待する方法もあります。

2　病院職員に対する詰問、金銭要求等の不当要求行為に対する対処

Nさんに対する対応として、Nさんが病院に対して要求している謝罪もアパートの借り賃100万円も全く理由のないものであって、病院はこれに応じる必要はありません。事務職員の一部の者がNさんにお金を支払っているということですが、Nさんの理由のない要求に基づくものであれば、病院はNさんへの支払を止めさせるべきです。

また、Nさんの要求は、たびたび事務局を訪れては数時間にわたって職員を詰問するといった態様でなされています。この段階で、警察にこれらの事情を話し相談するべきです。これらNさんの行為が暴行や脅迫による金銭要求と評価できれば恐喝罪（刑法249条）になり、また、Nさんの行為が職員の意思を制圧するに足りる程度の威力を示し、これにより病院の業務を妨害させるおそれが生じれば威力業務妨害罪（刑法234条）になります。そのような場合は、直ちに刑事告訴をすることが必要です。

さらに、Nさんの行為が今後とも続くようであれば、裁判所に対してNさんが病院の敷地内に立ち入ることを禁止する仮処分の申立も検討すべきです。

（注）実例で病室の明渡しを認めた裁判例があります。

　（参考・厚生労働省通知（令和元年12月25日付医政発1225号第4号）には「(2)①患者の迷惑行為・診療・療養において生じたまたは生じている迷惑行為の態様に照らし、診療の基礎となる信頼関係が喪失している場合には、新たな診療を行わないことが正当化される。」)

57 保健衛生についてのクレーム

> **事例**
>
> 私はA市保健所衛生課長の職にあります。本日政治団体代表Bと名乗る人物が私を訪問し「昨日A市D町のコンビニD店で購入した弁当を食べたら、下痢をした。当のコンビニを立ち入り検査しろ。弁当の製造会社も立ち入り検査をしろ」「コンビニの経営者とコンビニのフランチャイズ本部と弁当製造会社の幹部を保健所にまとめて呼べ」と数時間に渡り机を叩くなど怒鳴っています。返事を明日10時までによこせと言って帰っていきました。どう対処したらよいのでしょうか。

> **ポイント**
> ① 民事紛争についての保健衛生業務権限の悪用
> ② 行政への圧力

■回答

1 民事紛争についての保健衛生業務権限の悪用

Bさんの話は一般的な情報提供とし、通常とるべき対処をすべきです。

食品衛生上、営業所等への立ち入り検査（臨検）を行うには、「必要があると思料される場合」という要件が定められており、当該要件を十分吟味せずに、Bさんの話を鵜呑みにして立ち入り検査を行いますと、法令違反となる可能性があります。

本事例の場合、もちろん、具体的な事情を当該コンビニなどから確認する必要があるでしょうが、単に「下痢をした」という訴えだけで、要件を満たしていると速断はできないでしょう。安易に立ち入り検査を実施すれば、逆にコンビニや製造会社から営業妨害に該当するとして損害賠償請求を受ける可能性があります。

2 行政への圧力

(1) 不当要求行為者の手口

不当要求行為者は、立ち入り検査の申出を保健所へ申し出たということ、立

ち入り検査が実施されそうだということをもって、コンビニや製造会社に圧力をかける材料として使うことを考えているのです。

また、不当要求行為者は、保健所に相手方を呼び出させて、相手方を萎縮させ、事を有利に運ぼうとすることもあります。時にはコンビニ等からの事情聴取の際にBさん自身の立ち会いも要求してくることがあります。

(2) 紛争の本質の見きわめ

本事例の場合、「BさんがD店で販売している弁当を食べたら下痢をした」ことについての損害賠償請求という純然たる民事事件（もちろん、Bさんが主張する事実が存在したか否かは証拠によってBさんが立証しなければなりません。）、保健所が指導監督すべき食品衛生上の問題とが混在した形で、Bさんの主張がなされています。

保健所としては、純然たる民事事件に関する部分は別論として取り扱い、保健所に課せられた職務を適正に遂行することに努めていくべきです。

具体的には、Bさんに対して「食品の安全に関する情報として話を伺った」「以後の対応については、保健所の判断によります」等の話をするにとどめて、具体的な対応の約束をすることは避けるべきでしょう。

(3) 回答要求への対応

本事例では、Bさんに回答すると約束したか否かが明確ではありません。回答を約束したような場合には、Bさんに対して連絡をして、前記内容を伝え、以後は約束をしたととられないような対応に努めるべきでしょう。

一番よい対応は、約束をしたととられないような対応であり、Bさんから「返事を明日の10時までによこせ」と言われた際には、「保健所としての判断をいたしますので、返答についてはお答えできません」と告げるべきです。

第1編 基 本 編

〈現場における具体的対応要領〉
~クレーム対策実践編（医療）~
〔具体的事例から、現場においてどのように対応するか。〕

◆医療現場でのクレーム─困った市民

58 市民病院への外来、暴言、酩酊による受診要求①

Q 当市市民病院に対して、市民Ａさんは夜間酩酊し、女性の医師・看護師による診察を大声で要求しています。窓口としてはどのような対応をすればよいのでしょうか。

A 「酩酊での受診をお断りします」と毅然と対応すべきです。
　酩酊の場合、診察時の問診は不可能に近く、正確な症状を把握することはできない状況です。

59 市民病院への外来、暴言、酩酊による受診要求②──応召義務を口実にした場合

Q 前問の場合、市民Ａさんは「馬鹿野郎、医者には応召義務があるだろう。すぐ診察しろ」と怒鳴り、物を投げ付けたほか、制止した職員に対して殴りかかりました。どのような対応をすればよいのでしょうか。

A 厚生労働省通知（令和元年12月25日付医政発1225号第4号）には「(2)①患者の迷惑行為・診療・療養において生じたまたは生じている迷惑行為の態様に照らし、診療の基礎となる信頼関係が喪失している場合には、新たな診療を行わないことが正当化される。」とあります。本事例の場合、職員への暴行・酩酊状況においても診察を迫る対応から到底診察は不可能です。「受診をお断りします」「警察に通報します」と毅然と対応するとともに警察に連絡し、暴行・威力業務妨害について被害届を出すべきです。

60 医療費支払い拒否—セクハラ

> **Q** 当市市民病院において「夜間酩酊し、職員への暴行事件を起こした」市民Aさんが、昨日、昼間、診察時間内に受診されました。診察後会計窓口に行くことなく帰宅され、また本日再度昼間診察時間内に受診の申し込みをしましたが診察すべきでしょうか。医師・看護師は日頃の市民Aさんの卑猥な言動を理由に、診察したくないと訴えています。医療費も数十万円未払い状態です。

A 厚生労働省通知（令和元年12月25日付医政発1225号第4号）にある「(2)①患者の迷惑行為・診療・療養において生じたまたは生じている迷惑行為の態様に照らし、診療の基礎となる信頼関係が喪失している場合……。」と判断できるか、慎重に判断しなくてはなりません。本日診察はできうる状況であること、前記厚労省通知があっても裁判となれば病院側に新たな診療を行うことができない程の信頼関係喪失の事実を主張・立証しなくてはなりません。この場合、窓口としては「Aさんの診察については暴行事件さらにはセクハラ行為等から、職員が立ち会いをした上、その言動を記録し、録音します。医師・看護師の安全を守るという市民病院の責任から録音をいたします」と述べ、診察に応じることがベストと考えます。なお職員から「医療費の滞納については弁護士を通じ請求する」と毅然と対応することが必要です。市民Aさんに対する毅然とした対応が有効な事案です。

第1編 基本編

第4章　教育行政・学校

〈具体的事案の解決事例〉

61 教育についてのクレーム

事例

　私は、A市立S中学校の校長をしております。中学3年生の女子生徒Dさんについて、ご相談したいのです。実はDさんについては学校を長期間欠席していることから、担任が家庭訪問をしました。Dさんは自宅にいましたが暴力を受けた形跡があり、かなり衰弱しており医師の診察を受けました。現在は本人の希望もあり病院に入院しています。翌日からDさんの父親が「自分の娘をどうしようと勝手だ」と職員室に毎日酒を飲んで押しかけ、ついてはDさんの担任のG教諭に対して、「娘に口を出しません」という念書を暴行の上とったという報告がG教諭よりありました。なおDさんの母親は数年前死亡しているとのことです。どのように対処すればよいのでしょうか。

ポイント

① 親からの虐待を受けている児童・生徒に対する学校の対応
② 教員に対する暴行等の不当要求行為に対する対応

■回答

1　親からの虐待を受けている児童・生徒に対する学校の対応

　直ちに警察に相談し、また被害届を出すべきです。児童虐待の可能性もあるので、児童相談所、福祉事務所などに通報すべきです。当該児童・生徒のためにも躊躇してはならない事案です。

　いわゆる「モンスターペアレント」といわれるクレーム事案とは異なりますが、児童・生徒の問題について学校が関与した場合、保護者が極めて暴力的な

行動をとることがあります。このような場合でも、学校側としては児童・生徒との関係、児童・生徒の保護者との関係を配慮し、できる限り説得し、児童・生徒の教育のため理解を得ようと努める場合が多いと言われています。

しかし本事例の場合のように、保護者が暴力を行使した場合、当該児童・生徒の教育という観点とは全く異なる事情が生じています。確かに議論としては警察に対して被害届を出せば、Dさんの保護者が警察に取り調べられ、又は逮捕され、Dさんの教育上は好ましくない事態が生じる可能性が高いと言えます。このような場合、教育現場としては被害を甘受するのも教育者の使命であると考えるかもしれません。

しかしながら、当該Dさんの保護者の暴行は社会的相当性を超えるものであり、Dさんに生じている事態は、児童・生徒の監護教育という問題はもちろん、Dさんの将来にとっても深刻な状況と言えます。

児童・生徒は、保護者の道具ではなく「一人の人格」として社会的に尊重されなければなりません。すなわち社会の「宝」です。各地の教育委員会が配布している「こどもの児童虐待」についての配付資料を参考にし、児童・生徒の成長に何が必要であり、教育者として何をすべきかを考え判断し、行動してください。

2 教員に対する暴行等の不当要求行為に対する対応

本事例の場合、被害について、義務なきことを暴行・脅迫によりさせたものであれば、強要罪（刑法223条）若しくは暴行罪（刑法208条）に該当します。そして被害届提出の際には、保護者の暴行の動機の悪質性を強く警察に主張すべきです。さらにこのような場合、Dさんに生じている事態に関しては、児童の虐待防止に関する法律等に違反する場合が考えられますので、生活安全課にも相談すべきです。そして児童の福祉の観点から児童相談所の関係各機関にも相談が必要です。

第1編 基本編

62 学校給食についてのクレーム

事例

私は、W市教育委員会事務局学校給食課課長をしております。本日4時頃、当市市立E小学校に子どもを通わせているというXさんから、電話があり「子どもが、外国製の毒入りの餃子を学校で食べせられた可能性があるから調査してほしい」との連絡がありました。私は、「問題が起きたときにすでに調べて、問題なしと、ご父兄に学校を通じて連絡してあります」と答えたところ、Xさんは、突然E小学校に本日午後5時頃押しかけ、校長室で校長に「毒入り餃子を食べさせていない証明がない限り納得できない。市長・教育長・校長で証明しろ」と怒鳴っています。現在夜の12時です。どうしたらよいのでしょうか。

ポイント

① 保護者の要求にどこまで応じなければいけないのか（対処方法）
② 納得できる説明

回答

1 保護者の要求にどこまで応じなければいけないのか（対処方法）

　退去を求めるとともに警察に通報すべきです。
　教育現場において、児童・生徒の保護者からの質問に対し、真摯に回答することは行政の立場として必要なことです。
　しかしながら、Xさんの対応は、質問の域を超えた行為ではないでしょうか。
　本事例では、Xさんの行為の社会的相当性について、冷静に判断すべきです。午後5時から夜中の12時まで、「毒入り餃子を食べさせていない証明がない限り納得できない。市長・教育長・校長で証明しろ」と怒鳴り続ける行為が社会的に是認される行為ではないことを確認すべきです。なぜならば「怒鳴る」という行為もさることながら、数時間しかも深夜におよぶ抗議自体、回答を求める行為として、対応する校長・教職員に精神的・肉体的苦痛をもたらしていることから、到底社会的相当性のある行為とは言えません。
　各地で制定されている不当要求行為対策要綱にも該当する行為であり、児

童・生徒の保護者の行為である、又は教育現場でされているからといって、看過する理由はないのです。速やかに退去を求め警察に通報すべきです。

2　納得できる説明

「証明がない限り納得できない」「証明しろ」との要求に回答することができるのでしょうか。およそこのような場合、「子どもに異常が生じたらどうするのだ」「子どもに異常がないことを証明しろ」と要求され、対応する職員としては「沈黙」するか「問題があったら対応する」と回答し、「それでは遅い。死んだらどうするのだ」と相手から反撃を受け、相手が激高することが多々あります。このような場合、注意すべきことは、①「学校給食の安全性」については、安全について立証されているとの事実のみを繰り返し説明し、「毒入り餃子を食べさせていないこと」の証明責任は負わない立場から説明することです。

そして②「納得」という問題については、主観的な判断でありますから、一般的に要求される説明で足りており、本事案の場合も他の保護者からＸさんのような「『納得できない』との抗議は受けていない」ということを説明し、短時間で対応を打ち切るべきです。

なお、本事例のように問題のある保護者対策として、弁護士と相談できる体制をつくることが望ましいと言えます。

63　学校の成績についてのクレーム

事例

私は、Ａ市立Ｓ中学校の校長をしております。本日当校３年に在学中のお子さんの親御さんがおみえになり、クラス担任、教科担任ともに、「うちの子どもの成績を十分評価していない。塾の成績はすごくよい。このとおり100点満点の〇〇点以上だ、地区の超有名校に合格できると言われている。この通知表の成績はなんだ。不正確もはなはだしい。かよっている塾は〇〇塾で全国的にも有名な進学塾だ。教員のレベルが低い、納得でき

第1編 基本編

るまで説明しろ」と数時間居座っています。どうしたらよいのでしょうか。また「内申書を公開しろ、通知表の成績が納得できない」とも言っています。

ポイント
① 生徒の成績の評価についての権限
② 成績についての保護者からの苦情の可否と学校の説明
③ 内申書の公開

■回答

1 生徒の成績の評価についての権限

　学期末に学校から児童・生徒に交付され家庭に持ち帰る通信簿（通知表ともいいます。）は、児童・生徒の学習の修得状況を児童・生徒及び父母に示すことを目的とするものです。通信簿について法規上の定義はなく、形式内容とも学校の自由に委ねられており、評価の方法についても自由とされています。他方、内申書は指導要領により作成されます。内申書は正確には調査書といわれる書面であり、進学する際に中学校の校長から生徒が進学を希望する高等学校等の校長宛に送付される書類をいいます（学校教育法施行規則54条の2）。内申書は各教科の学習成績の評定・各教科の学習成績以外の行動及び性格の記録から成り立っています。

　したがって指導要領に基づき作成される内申書と通信簿との整合性はありません。

　どうしても、学習成績について評価をせざるを得ませんが、そもそも教育現場における教育評価とは教育による児童・生徒の学習、行動、態度などの変化や教育目標、教育計画及び教育実践のため、成果などをその教育の目的に照らして評価するものです。評価方法については一人ひとりの児童・生徒を多方面の観点から評価し、その児童・生徒を理解し成長を願うという観点が必要です。では指導要領に定める作成の主体に関して教育の評価権の主題は誰かが問題となることがあります。教師固有の権利であるとの見解もありますが、課程の修了、卒業の認定、指導要領の作成、内申書の作成、通信簿の作成がいずれも校長の権限とされていることから、教育評価権は校長の権限とされています。

2 成績についての保護者からの苦情の可否と学校の説明、内申書の公開

「①塾の成績はすごくよい。このとおり100点満点の○○点以上だ。地区の超有名校に合格できると言われている。この通知表の成績はなんだ。不正確もはなはだしい。かよっている塾は○○塾で全国的にも有名な進学塾だ。教員のレベルが低い、納得できない」「②内申書を公開しろ、通知表の成績が納得できない」との保護者の前記質問①については、教育の評価は指導要領により評価している事実、評価権は校長に属するので、評価を変えることはできないと説明すべきです。そして塾については前記のような学校教育の見地から指導要領のように基準規範がないことからあくまでも確定的な信頼性がないことを説明することが必要です。前記質問②の場合はもう少し考える必要があります。「自分の存在に関わる情報をコントロールする権利」すなわち「自己の教育情報をコントロールする権利」の存在を忘れてはなりません。不正確な評価・間違いがあった場合に訂正・削除を求める権利を有します。では内申書・指導要録についてはどうでしょうか。進学の選抜資料とされることから公正正確に記載される必要性・公平性の観点から制度上秘密であることが必要であるとの考えもあります。しかしながら情報公開制度の観点から「公開することにより行政の適正かつ円滑な執行に著しい支障を生ずることが明らかな場合に当たらない限り」公開が原則となります。現在は「自己の情報をコントロールする権利」を尊重し、前記質問②の場合、内申書・指導要録の開示が進んでいます。なお本事例の場合、進学前であることから「公平性と正確性」「他の生徒に及ぶ可能性」との見地からの情報公開の時期の判断も必要です。

64 学校事故についてのクレーム

事案

私は○○市甲小学校の校長をしております。令和5年9月23日午前11時頃、甲小学校の野外学習中、6年生の児童が○○公園で倒れ、市民病院へ緊急搬送されました。搬送時は意識があったのですが、救急外来に搬入された時は意識がありませんでした。「熱中症」とのことです。

第1編 基本編

　当日午前11時の気温は32度、湿度82パーセントでした。野外学習に出発したのは10時過ぎ2時限目の授業が終わった頃でした。
　緊急保護者会を開くべきでしょうか。また、どのように対応すればよいのでしょうか。引率教員、担任の責任はどうなるのでしょうか。教えてください。

ポイント

① 学校事故の対処方法
② 保護者への説明責任・保護者会の開催
③ 事故後の対策・危機管理
④ 当該児童・生徒・保護者へのケア
⑤ 市民に対する説明責任、記者会見
⑥ 謝罪

回答

1　学校事故の対処方法

　学校の野外活動、校庭での運動・競技等における熱中症事故は、独立行政法人日本スポーツ振興センターによる災害共済給付制度による医療費を支出した件数からは毎年5000件程度発生していると言われています。死亡事故も多発し、学校設置者に対して損害賠償請求訴訟が提起されている事例も多々あります。このような熱中症事故における重大な結果に鑑み、令和3年5月環境省・文部科学省は「学校における熱中症対策ガイドライン作成の手引き」を発出し、①熱中症の分類測定等の理解、②予防措置(i)基本的な予防措置―生徒への指導、(ii)実践的な予防措置、③熱中症発生時の対応―緊急手当フロー、④死亡・緊急搬送事例、の構成により具体的に解説しています。

　そして、平成21年に施行された学校保健安全法では各学校に学校安全計画及び危険等発生時対処要領（危機管理マニュアル）を作成すべきことが規定されています。

　危機管理マニュアルには、学校で実施した訓練等の検証結果や、学校を取り巻く状況の変化、各事例での教訓等をもとに、常に見直し・改善を行うことが

必要です。学校管理下において、熱中症事故の発生を未然に防ぐために、教職員が的確に判断できるよう、各教職員の役割を明確にし、児童・生徒の安全確保に全教員が共通して理解すべきです。

　本事例の場合、「学校における熱中症対策ガイドライン作成の手引き」に従い、①熱中症の分類測定等の理解、②予防措置(ⅰ)基本的な予防措置──生徒への指導、(ⅱ)実践的な予防措置が講じられていたかを検討しなくてはなりません。「午前11時、気温32度、湿度82パーセント」の気象条件については、熱中症の危険度を判断する環境指針であるWBGT（暑さ指数・湿球黒球湿度）を正確に計測することが重要です。運動会や体育祭、また本事例の如く野外・校外活動の前や活動中にWBGTを計測し、危険度を把握することが必要です。WBGTの測定については装置が発売されていること、容易に数値測定できることから、本事例の場合WBGTを測定したか、測定値に基づきどのような対処をしたかが問題となります。測定していないとなればそれ自体が学校側の過失と判断される可能性が大きいです。

2　危機管理対策（保護者会の開催、記者会見、謝罪など）

　「救急外来に搬入された時は意識がなく熱中症との診断」と判断されたとのことですが、危機管理としてどのような対応をすべきでしょうか。学校の対応としては、A：事故発生時、B：事故の危機管理に分けた解説をします。

A：事故発生時については、①当該児童の応急手当を含めた救護・状況確認、安全確保が必要です。もちろん引率したすべての児童についても同様に状況確認、安全確保が必要です。②さらに危機管理体制を構築しなくてはなりません。救急車の手配、事故状況の把握、病院に同行し（救急車に同乗）、事故発生時の状況説明、応急手当の状況の説明を当然記録化し、そして被害児童の保護者への緊急連絡は必須です。③関係者への対応、緊急搬送の場合は、教育委員会への連絡、以降状況報告（病院へ同行した教職員との連絡は密に）、被害児童の保護者への状況報告、搬送先・学校の対応についての報告説明、臨時職員会議の開催等他の教職員への説明、児童・生徒の保護者への説明（説明会の開催）、が必要です。

B：事後の危機管理については、①被害児童・保護者への対応として、管理職が教職員を代表して、児童・保護者に誠意ある対応、担任等が家庭を見舞う

第1編 基本編

など児童への誠意ある対応、PTAへの説明、災害共済給付金の手続、②事故防止への取り組み、発生原因・責任の解明、③事故報告書の作成、が必要です。なによりも本事例の場合、予防の措置が万全であったか否か検証しなくてはなりません。

熱中症については、安易に考えず重大事故の発生の可能性を予防するために前記ガイドラインを熟読し、管理体制を構築すべきです。

※記者会見〈危機管理対策・記者会見のポイント〉

危機危険は突然襲ってきます。学校、病院における事故、職員の不祥事等が生じた際、その事故対策、不祥事対策は重要ですが、広報対応・マスコミ対応は、地方公共団体として、住民に対する説明責任の一環として極めて重要であり、記者会見を行うことがあります。

地方公共団体においては広報の部署といっても民間企業、特に上場企業の広報部とは異なり、広報をもって事業の拡大維持という積極的な経済活動を目指すのではなく、市民サービスの一つとしての市の行事、行政の案内、例えば予防接種の案内等であり、危機管理対策に対応していない部署が大半です。

そこで、本事例〈学校事故についてのクレーム。熱中症により児童が意識不明〉について、危機管理の見地から記者会見のポイントについて考察します。

記者会見の基本原則は行政の住民に対する説明責任、そして説明責任は住民本位の行政を行い、信頼を確保するという行政責任から、以下の要点を踏まえて記者会見の対応の原則を述べます。

第1「隠さない」、第2「状況を楽観視した対応をしない」、第3「迅速に行動する」です。

そして、重要な視点は「被害者に寄り添う姿勢」です。学校設置者としての責任は義務教育という視点からかなり重いです。それは設置者という学校教育行政上の責任以上に子どもの健康で健全な育成を図るという学校そのものの教育上の責任があるからです。

この視点から「甲小学校の野外学習中、6年生の児童が〇〇公園で倒れ、市民病院へ緊急搬送されましたが、救急外来に搬入された時は意識がない」状況を踏まえてどのような対応をすべきでしょうか。

①謝罪（法的責任を認めるものではない）、②謝罪は児童とその保護者に対して、③学校に対する住民の信頼を失ったことへの謝罪、④事実・経緯についての説明（時系列で具体的に。5W1Hの原則・状況を具体的に、図示も必要）、⑤現場での対応（応急措置とその後の対応）、⑥事故対策についての具体的回答（やっていないことをやっていると回答することは厳禁！・信頼を失う！）、⑦本件事故の原因についての回答（あくまでも記者会見時において判明している事実に基づき回答する）、⑧再発防止策、⑨責任処分についての言及（法的責任が生じる事案であるか否か真摯に調査し、事案が解明しだい適切に処分する）、と回答すべきです。

そして、①想定問答集を作成するなど、事前に準備して臨むこと、②聞かれたことに簡潔に答えること、③児童・保護者・住民への謝罪と再発防止のメッセージを繰り返し語ること、が必要です。

また、記者会見の現場では、真摯な対応をしていると報道陣に印象づけるため、①ゆっくりと言葉を選び、②相手の目をみて、③言えることと言えないことを整理しはっきりさせる、結論を先に話す、④話題をリードする、⑤決して口角が上がらないように真摯に話す、⑥ノーコメントという言葉は禁句！「申し訳ありませんが、今すぐ回答できません。後ほどお調べして……」（嘘・憶測を言わないため）、⑦発言は、はっきり語尾を明確に、方言は決して使いません。

事前準備としては本事例の場合、記者会見の争点として原因と結果回避のための事前の予防策がとられていますが、現場の状況判断が適切であったか否かが問題となります。

そこで、事前の準備として令和3年5月環境省・文部科学省通知「学校における熱中症対策ガイドライン作成の手引き」を熟読し、かつ「学校における熱中症対策ガイドライン作成の手引き」に従い、①熱中症の分類測定等の理解、②予防措置(i)基本的な予防措置―生徒への指導、(ii)実践的な予防措置が講じられていたかを検討した結果を簡略に報告することが必要です。

さらには平成21年に施行された学校保険安全法では各学校に学校安全計画及び危険等発生時対処要領（危機管理マニュアル）を作成すべきことが規定されています。そこで危機管理マニュアルについて作成されているか否か、熟知されているか否かを説明できるように準備します。当該児童・生徒の保護者の立場から何を行政から聞きたいかという視点は忘れてはいけません。

第1編 基本編

> ※コメント
> 　記者会見時、記者の所属を確認し、名前と顔を覚えてください。質問は必ずメモをとり、質問がわからないときは「もう一度お願いします」と言ってください。焦って回答しないでください。
> 　回答の際、質問者の顔をみて話す、目をそらさない、下を向かないでください。
> 　服装は重要なポイントであることを心得るべきです。氏名・所属をはっきり述べ、名札だけでは足りません。頭を下げるべき時は真摯に頭を下げ謝罪します。時間と場所の設定は市が行います。

65 生徒の自殺未遂・生徒指導

> **事例**
> 　私は〇〇市乙中学校2年A組の担任をしています。A組の生徒Xさんが昨夜、自宅で薬物をのみ自殺未遂をして入院したと5分前に保護者から連絡がありました。私には心当たりがありませんでしたが、保護者によれば「いやなことだらけだ、将来に悲観した」とのメモが残されていたとのことです。どうしたらよいのでしょうか。「いじめ」の疑いと報道陣が学校に押しかけたらどうしたらよいでしょうか。

> **ポイント**
> ① 生徒の自殺、自殺未遂の原因についての調査の必要性の有無と範囲
> ② 当該中学校の他の生徒に対する対応方法
> ③ 自殺の予防
> ④ いじめ調査の必要性
> ⑤ 保護者、生徒本人に対するケア

■回答

1　生徒の自殺、自殺未遂の原因についての調査の必要性の有無と範囲、自殺の予防

　「いやなことだらけだ、将来に悲観した」とのメモと生徒の「自殺未遂」と

の関連性は不明ですが、学校設置者としては、自殺未遂の発生可能の原因について検討する責任があると考えます。

　そもそも若年者については自殺願望が強いと言われています。睡眠時間を除けば児童・生徒は一日の大半の時間を学校で過ごしていることから、児童・生徒の自殺等の日常行動の異常変化に気づくのは教師であると言われています。生徒が抱える自殺の危険を早期の段階で発見し、適切な予防措置を講ずることができる存在として教師の果たす役割は大きいと言えます。学校生活が自殺未遂の原因となっているとまず疑って見るべきと考えます。成績・進路といった学習面、そして学校生活での人間関係です。本事例の場合、教育現場、特に教師が自殺の予防について正しい知識を持っていたのでしょうか。事件、特に訴訟が提起された時、学校設置者としては結果についての責任のほか、予防についての対策を講じていたか否かという責任を問われることがありうるからです。教育現場としては、教員が精神保健の専門家から定期的に研修を受けることも必要であるとともに、未然に生徒の異常を発見した時どのような体制対応をとるのか、専門家に相談をとる体制をつくることが必要です。さらに児童・生徒に対する「命を大切にする教育」として自殺予防教育の実践が必要です。自殺予防教育については、①児童・生徒を直接対象とする自殺予防教育の必要性について保護者・教師等の関係者が十分理解していることが必要であり、②自殺を防止するため価値観を共有するなど客観的科学的に解説する教育内容であること、③フォローアップ体制が確立されていること、が必要です。

2　いじめ調査の必要性

　ここで自殺の大きな原因となるトラブル「いじめ」について言及してみます。児童・生徒の原因としてもっとも多いと言われるのが「いじめ」の存在です。いじめは、①喧嘩と違い強者か弱者、②集団で一人、③方法は知能的で陰湿、④エスカレートする、⑤いじめる側の罪悪感の欠如、⑥加害者が被害者に転じることもある、⑦被害の記憶は長期間残存し消えない、という特徴があります。このような「いじめ」を調査し発見するためには、教育現場としては、①いじめを許さず、②「いじめ」られるのを許さず、③第三者は存在しない、との強い決意の下で調査することが必要です。そのためには速やかに当該生徒の在籍

しているクラスに対するアンケートが必要となります。

3　他の児童・生徒に対する対応方法と保護者、児童・生徒本人に対するケア

本事例の場合、生徒及び生徒の保護者に対する丁寧な説明と適切なカウンセリングが必要であるとともに、説明についてアンケート等による調査に基づき回答が必要です。さらには自殺予防についての専門家との関係等、事前の対応をなされていたことの説明が必要です。

さらには調査の過程でいじめと自殺の関連性の調査のため、第三者委員会の設置が必要となることがあります。調査と事実認定に関しては第二東京弁護士会2015年6月の研修資料「いじめ調査に関する第三者委員に学ぶ」が参考になります。第三者委員会の設置にあたり、調査委員の専門性の確保と委員の中立性と専門性の確保が必要となります。いずれにしても教育現場としてはマスコミの対応に責任者の選任、調査についての迅速性、予防体制と事前の対策についての説明が必要となります。

> 〈現場における具体的対応要領〉
> 〜クレーム対策実践編（学校・教育現場）〜
> 〔具体的事例から、現場においてどのように対応するか。〕

◆教育現場のクレーム

66　学校での教員の子どもへの対応が納得できない場合①―早退

> **Q**　市立○○小学校の教頭をしています。本日4年1組のAさんが体調不良を理由に午前中に早退しました。その際、自宅まで他の教員が付き添って行きました。
> 　ところが帰宅直後、Aさんの母親Xさんから、「なんで早退させたのだ。体調不良は学校の責任だ」との苦情が来ました。その後、説明責任があるだろうと当市教育委員会事務局と当校へ大量のメールが来ています。回答

すべきでしょうか。また、どのような回答をすればよいのでしょうか。
なお、Aさんについては早退前に保健室で養護教諭が対応しています。

A 　回答は簡潔に事実関係のみを説明すべきです。教室での容態、愁訴等です。そして保健室での容態、早退するにあたり、家族への連絡をしたか否か、連絡ができなかったのはどのような理由か、付き添い時の様子等です。「あくまで愁訴のみで、発熱もなく、体調に異常はなかったが本人の希望であったのは事実です」。さらには体調不良ということで早退したならば、母親らに対して医療機関への受診の有無も問い合わせるべきです。連絡方法としてはメールにはメールが返ってくる可能性がありますので、電話が望ましいと言えます。

67 学校での教員の子どもへの対応が納得できない場合 ②──担任の変更・謝罪

Q 　前問の場合、Aさんの母親Xさんから、「体調不良の原因は4年1組の担任Yがテスト中、ジロジロAを疑いの目でみたことが原因だ。担任を変えろ。担任は謝罪しろ」と言ってきました。教頭としてどのような回答をすればよいのでしょうか。

A 　テスト中の見回りは、当然教員の職務上の責任であり、特定個人を目的として行うことではない旨を説明し、それ以上の回答はしないことです。ましてや、体調不良について、容態を尋ね、回復を祈ることは必要ですが、謝罪は必要ありませんし、してはいけません。回答は「Aさんの御容態はいかがですか。回復をお祈りします。なおテスト期間中ですので、見回りをしますが、特定の人を疑ったりすることはありません。質問やわからないことを聞くためにも見回ります。謝罪すべき案件ではありません」と回答すべきです。

第１編 基本編

68 学校での教員の子どもへの対応が納得できない場合 ③——担任が変わらないかぎり登校させない

Q 前問の場合、「体調不良の原因は４年１組の担任Ｙが原因だ。いつも、子どもをいじめている。担任を変えろ。子どもは担任が変わらないと学校に行かない」とＡさんの母親Ｘさんが言ってきました。回答はどうすればよいのでしょうか。

A 「担任は変えません」「担任についてはお子さん以外の他の児童・生徒からの信頼もあります」「その信頼を無視して担任を外すことはありません」「年度途中の担任変更については、教育の一貫性、同一担任による同質・継続的な授業の妨げにもなり、避けるべきです」「担任を変えるべき事情もありません」と回答してください。安易に担任の変更を行うと、児童・生徒から学校への信頼が損なわれ、学級崩壊の危険性もあることに留意してください。

さらに本事例では「子どもを「いじめ」ているとの訴え」があります。児童・生徒への指導を超えたハラスメントは決して許されません。教育現場では指導の名の下に教員から児童・生徒の人格を損ねる指導がなされることがあります（暴言・強制・暴力等）。それは教育とは到底言えません。このような訴えがあった場合は、事実を確認するために真摯にかつ速やかに調査すべきです。調査の内容は、担当教員に対する聞き取りのみならず、児童・生徒に対するアンケート調査、校内の臨床心理士等のカウンセラーによる当該Ａさんを含めた児童・生徒に対する聞き取り等を行ってください。

そしてＡさんの母親Ｘさんに対して「速やかに調査する。いじめの事実が判明すれば、県の教育委員会に報告する」と回答してください。

「いじめ」若しくは教育指導の範囲を超えた指導がなされた場合は、母親Ｘさんに報告するとともに、担任の変更・教育・指導を真摯に検討してください。

第4章 教育行政・学校

69 学校での教員の子どもへの対応が納得できない場合 ④——保護者の要求が職務外である場合

Q 前問の場合、さらにAさんの母親Xさんから、「娘の体調不良の原因は本当は近所のZという人物が、自宅の周りをうろつき、私や娘に対してストーカーまがいの行為をしているからだ。娘を学校に通わせる環境をつくるためには、警察への協力とZへの警察の厳しい対応が必要だ。担任はもちろん、校長、教頭が、所轄の○○署に行って、娘の安全を保障させろ」と言ってきました。教頭としてどのような回答をすればよいでしょうか。

A もし、真実としてAさんの安全が脅かされているのならば、「警察と学校の連携はいたします。ただしAさんとXさんの安全とご自宅の安全にかかわる問題ですので、直接警察への相談はXさんご自身で行ってください。そうしないと警察も指示関係を確認することが困難になるからです。学校から警察への連絡はXさんからの事情を聞いてからの連絡になりますので、どうしても「伝言・伝聞」になりがちです。まず警察に相談していただき、その上で警察から学校への連絡をお待ちし、対応を協議します」と回答してください。

※学校の仕事ではないと簡単に門前払いをしないでください。児童・生徒の安全を配慮するためにもできないことはできない、配慮すべきことは配慮するという姿勢が必要です。

70 学校のクレーム 水筒に水・お茶を入れるの忘れた？ 対応のミス？

Q 私は○○市○○小学校四年生の担任をしています。5月も中旬、気温も30度近くなってきましたので、昨日クラスの児童に「明日から、水筒持ってきてね。給食ではお茶は出ないから、生水も飲まないでね。水

第1編 基 本 編

> 筒の回し飲みはだめですよ」と言いました。本日クラスの児童の母親から「先生はなぜ、うちの子に水筒にお茶か水を入れてくるように言わなかったのですか。うちの子は中身の入っていない水筒だけ持って行きました。お茶も水も飲めず、水分は給食の牛乳だけでした。泣いて帰ってきました。水分不足で熱中症になったらどうしてくれるのですか。説明してください」と抗議の連絡が学校にあり、今応接室に母親がいます。どのように説明すればよいのでしょうか。

A 本事例と同様な場合、言葉一つでクレーマー騒ぎとなった例がありますので、以下紹介します。

母親 「水筒を持ってこいと娘は言われました。水筒にお茶か水を入れるようになぜ説明しなかったのですか」

担任 「水筒にお茶か水を入れるのは常識ではないですか」

母親 「水筒だけ渡した私は常識がないのですか」「子どもが泣いて帰ってきたのはどう説明するのですか。まだ四年生です」

担任 「水筒だけ持ってくるなどあり得ますか」

母親 「母親の私が悪い。全て責任は私ですか」(激怒)「常識と先生はおっしゃいますが、結果、娘はお茶も水も飲めない状況ですよ。熱中症になったらどう責任をとるつもりでしたか。ちゃんとお答えください」

担任 「熱中症とか、お医者様にかかる状態ではないのですが…」

母親 「責任逃れもいい加減にしてください。事実をどう見るのですか。あなたは不誠実です。学年主任、教頭、校長を呼んでください」

　本事例の場合、担任は肝心な点を忘れています。それは「自分の言葉」です。「明日から、水筒持ってきてね。給食ではお茶は出ないから、生水も飲まないでね。水筒の回し飲みはだめですよ」これは水分を家庭から持参し、その方法としての水筒に水分入れることです。理解できない子どももいるとの前提では説明不足ですし、全員がわかるであろうという期待はしないことです。この場合、結果は「水分が十分にとれなかった」ことにつき、説明の不足と結果についての謝罪です。無論、当該児童の様子にも気を配るべきでした。

　模範解答は以下のとおりです。

「私の説明不足により娘さんに御迷惑をおかけしたことを謝罪します」

「他の生徒さんがみな水筒に水やお茶を入れて持ってきたので安心してしまいました」

「配慮が足りませんでした」

※このように述べても何ら法的責任は問われるようなことはありません。むしろ「常識」の「あるなし」という言葉尻をとられるようなことがないよう注意すべきです。

第1編 基本編

第5章 環境・環境行政

〈具体的事案の解決事例〉

71 環境についてのクレーム

事例

　当市は、清掃工場の焼却残渣について焼却場と隣接する市有地に処理施設をつくり処理してきました。このたび環境省の指導もあり、ダイオキシン対策と処理場の狭隘による処理能力の限界が予想されますので、焼却残渣を高温によりダイオキシンを分解しスラグ化し、道路の構成材として再生原料とする施設を設置することにしました。すでに入札も終了し業者も選定され、環境アセスも終了しましたが、「ダイオキシンと放射能NO！環境を守る会」と称するX他30余名が、本日当市環境部に押しかけ、住民説明会を開けと要求してきました。すでに周辺住民への説明会には計画時段階に数回説明会を開いているのですが、「納得できない、納得できるまで説明しろ」の一点張りです。小さな子どもまで連れて「赤ん坊を殺すな」と罵声を上げています。どうしたらよいでしょうか。彼らは「ダイオキシンと放射能は閾値なし」との主張です。

ポイント

① 環境政策と環境行政についての説明
② 嫌悪施設建設稼働と住民対策
③ 住民への説明責任の方法と説明の限界

回答

1 環境政策と環境行政についての説明

　環境問題全般、特に本事例のような「嫌悪施設」について行政としての説明責任はどこまであるか、専門性のみならず、住民と称する環境団体の感情的対応からして現場は困惑することが多いと思います。

「ダイオキシンと放射能NO！環境を守る会」の「納得できない、納得できるまで説明しろ」「赤ん坊を殺すな」「ダイオキシンと放射能は閾値なし」との主張に対してどのように対応すべきでしょうか。「納得できない」「閾値なし」との主張は感情的ですが、感情的主張として無視することは行政として説明責任を全うすることにならず、訴訟提起の遠因ともなりえます。そして将来的には焼却施設建設の予算措置がなされても、設置稼働について住民の理解も賛同も得ることができないことになります。

2　嫌悪施設建設稼働と住民対策・住民への説明責任の方法と説明の限界

　このような環境問題については、まず住民と称する団体についても、ダイオキシン対策について、その科学的・疫学的な動静について調査し、規制値が科学的論拠により証明されている事実、「閾値なし（安全値はない）」との主張は科学的根拠がないことを説明するとともに、施設の安全性について、①環境政策の必要性の説明と理解を前提として、②地域性、③地域選択可能性、④環境アセスメント、地域住民説明会の実施、⑤危険性と安全性について施設の構造についての説明、⑥施設についての実証テストがなされていること、⑦施設の構造と稼働についての安全対策、⑧公的評価団体による技術評価、⑨安全管理による法的規制と安全設備との管理体制の構築について、説明文書を作成し配布することが望ましいと考えます。説明会まで開くか開かないかは、担当部署の判断になりますが、本事例では施設設置の許可権者たる知事から許可を得る前提として、計画段階において県環境部の指導要綱に従い住民説明会の開催と説明事項を求められていると考えられます。すでに住民説明会を何度も行っていることから、さらに「ダイオキシンと放射能NO！環境を守る会」に対して説明会を開催する必要性があるとは考えられません。特に団体の構成、その設立背景を配慮せずに交渉説明会を開催することは、近隣住民に理解を得る方策ではないと考えます。説明文書を配布して面談交渉は拒否した方がよいと考えます。

※『生活と環境』第53巻第12号61頁「裁判報告　ガス化溶融炉建設差し止め請求事件における主張・立証活動について」（津地裁四日市支部平成18年9月29日判決）参照

第1編 基本編

72 不法投棄に対する対応

事例

私は、A県環境部廃棄物対策課参事の職にあります。当県Q郡W町に産業廃棄物が不法投棄され、近隣住民の簡易水道の水源を汚染する可能性があると大問題になっております。不法投棄した業者は、指定暴力団E組のフロント企業R社ですが、現在は倒産状態で、同社代表者Tさんと連絡がとれない状態です。ところが今回調査したところ、不法投棄された現場の土地が、R社から指定暴力団E組組長とその家族名義に変更されていることが判明しました。この場合の対応として何をすべきかご教示ください。

ポイント
① 不法投棄の対応方法
② 行政代執行の妨害と限界
③ 民事執行手続による補完
④ 刑事告発

回答

1 不法投棄の対応方法

まず、不法投棄の状況等について、できる限り事実関係を確認し、廃棄物処理法に基づき、措置命令や行政代執行（原状回復）などの措置をとる必要があります。

また、原状回復費用の債権を保全するため、指定暴力団E組の組長に対して、保全処分を申し立てる必要があります。

その他、不法投棄について、廃棄物処理法違反などでR社を刑事告発するべきです。

2 行政代執行の妨害と限界と民事執行手続による補完

(1) 原状回復の方法と問題点

本事例の場合、まず水源の汚染を防止するため原状回復をしなくてはなりま

せん。そのための方法として、次のような方法があります。

まず、不法投棄したR社に対して、廃棄物処理法上の措置命令（同法19条の4）を発し、原状回復を求めます。もっとも、本事例では、R社が事実上倒産状態であり、原状回復をさせることは困難です。そこで、自ら行政代執行（原状回復）を行うことになります。なお、廃棄物処理法の近時の改正により行政代執行（原状回復）の要件が緩和され、また費用徴収についても行政代執行法の規定が準用されることになり、規定上簡易迅速な手続となりました（現在の廃棄物処理法19条の7・19条の8）。

もっとも、一旦行政代執行（原状回復）費用を行政が立て替えて支払うことになりますので、予算措置の問題もあり、その手続について煩雑さは否定できません。

そして、行政代執行（原状回復）費用の徴収については、国税徴収法による手続によることができることになっていますが、現実には簡易迅速な手続にはなっていないという実状があります。

本事例の場合のように、不法投棄をした業者が暴力団関係企業である場合には、財産の隠匿等により、住民の血税が投入された行政代執行（原状回復）費用が回収できないという深刻な問題が生じる可能性があります。また、暴力団が不法な利益を得ることにもなりかねません。そのため、特に迅速に対応しなければならないのです。

(2) **対応方法**

従来、行政代執行（原状回復）の費用については、国税徴収法の手続によることができることから、裁判所は民事保全法に基づく仮差押え等の保全処分を認めない考えであったために、簡易迅速な民事保全法上の手続によることができず、不法投棄をなした業者の預金、不動産を保全することが困難でした。

しかし、近時下級審の判例で、行政代執行に基づく代執行費用という公法上の債権を被保全債権とするのではなく、民法702条の事務管理費用を被保全権利と認めて、仮差押え等の保全処分を認めたものがあります。

被保全権利について、事務管理の考え方により「債務者が措置命令にしたがってなすべき工事を債権者が代わってなすよりほかには周辺住民の健康被害を防止する方法がないと考えて（本来不法投棄をした業者らがなすべき）工事をし

た費用」を事務管理費用として申立を求めたというものです。

　本事例のような場合には、暴力団組長及び家族に対して、収去工事費用等を事務管理費用とし、R社から暴力団組長及び家族名義への土地の所有権移転行為について、これを詐害行為として取り消すことが可能であると考えます（民法424条）。そして、この取消権を被保全権利として、処分禁止の仮処分を申し立てることも法的に可能であると考えられます（ただし、詐害行為である所有権移転登記時に、事務管理費用は発生していなくてはなりません。）。

　暴力団関係企業の不法投棄に対しては、行政代執行（原状回復）費用を確実に回収するため、このような方法により、迅速かつ効果的な財産保全をしていくことになります。

3　刑事告発等

　不法投棄について、廃棄物処理法違反などでR社を刑事告発するべきです。

　告発とは、一般に、被害者でない者が捜査機関に対して訴追を求める意思表示のことを言います。それに対して、告訴とは、一般に、被害者が捜査機関に対して訴追を求める意思表示のことを言います。

　また、本事例の所有権移転登記は仮装された虚偽の登記である可能性があります。仮装譲渡は典型的な執行逃れの手口です。強制執行妨害罪（刑法96条の2）や公正証書原本不実記載罪（刑法157条）で暴力団組長らに対して告訴や告発が可能かどうかも検討するべきです。

　断固として告訴や告発をすることが、「市は不法投棄のような違法行為を絶対に許さない！」という対外的な意思表明となるのです。

　なお、捜査によって新たな事実が判明し、その結果、原状回復や損害賠償請求がしやすくなる場合もあり得ます。

〈現場における具体的対応要領〉
～クレーム対策実践編（環境・環境対策）～
〔具体的事例から、現場においてどのように対応するか。〕

◆環境問題についてのクレーム―困った市民

73 環境問題に対するトラブル―嫌悪施設と住民対応

Q Xさん ら10名の市民が、当県環境部の窓口を来訪し「○○地区の自然環境を守る会だ。県が廃棄物処理業者Yにその設置を認めた安定型処分場に反対する。なぜ設置を認めたのか。私達全員が納得できるまで説明しろ」と申し入れ、フロアに閉庁時間がすぎても居座っています。窓口としてはどのように対応すればよいのでしょうか。なお、当県は他県よりも水質等の保全の必要性から、厳格な基準を設けています。

A 廃棄物処理施設の設置については、当然のことながら廃棄物処理法等の法令に基づき処理業者Yに対して設置の許可がなされています。Xさんら市民に対しては「法令・条例に従った許可であり、県としては窓口で対応できない。許可の申請書については情報公開制度を利用して、閲覧謄写等をしてください。この場での説明は致しません」と回答してください。さらに「設置を阻止するということであれば、Yに対して処分場稼働差止め裁判、又は県の許可処分取消しの訴訟を提起してください。いずれも弁護士に相談してください」と回答し、フロアの居座りについては不退去罪（刑法130条）に嫌疑される可能性があることを警告し、場合によっては警察への通報も必要です。

第1編 基本編

74 ゴミ収集に関するトラブル―苦情

Q 当市の市民Xさんが、本日当市の環境センター（焼却場）の事務窓口に押しかけ「本日の生ゴミ回収にあたり市の委託業者のゴミ回収方法が杜撰で、ゴミの集積場付近にゴミが大量に散乱している。どうしてくれるのだ。自宅まで来て謝れ。すぐに調査の上連絡しろ」と怒鳴って帰って行きました。窓口としてはどのように対応すればよいのでしょうか。

A まず、現地を確認すべきです。もし市民Xさんの主張どおりゴミが散乱していれば、委託業者を指導すべきです。問題は「自宅を訪問し謝罪する必要があるか」です。過剰な行政サービスは公平性に反するばかりか、ゴミ収集については100パーセントの清掃・美観維持は困難なこともあります。そこで市としては「事実の有無」について明確に回答するとともに、「自宅への訪問は必要性がない」とお断りすべきです。さらには町内会等地域での協力も広報等で呼びかけてください。なお、この場合の現地状況をスマートフォンで撮影し、記録化することも忘れないでください。

75 環境についてのクレーム・納得できない住民への説明

Q 本日、「ダイオキシンと放射能NO！環境を守る会」と称するXさんほか30余名が当市環境部に押しかけ、来年度建設予定の清掃工場について住民説明会を開けと要求してきました。すでに周辺住民への説明会には計画時に県の指導もあり、数回説明会を開催しているのですが、「私たちは納得できない」との主張です。どうしたらよいのでしょうか。

A 環境問題全般、特に本事例のような「嫌悪施設」について行政としての説明責任はどこまであるか。専門性のみならず、住民と称する環境団体の感情的対応からして現場は困惑することは多いと思います。

　「ダイオキシンと放射能NO！環境を守る会」に対して説明会を開催する必要性があるとは考えられません。特に団体の構成、その設立背景を配慮せずに

交渉説明会を開催することは、近隣住民に理解を得る方策ではないと考えます。議論は堂々巡りになり収集がつかないと予想されます。説明文書を配布して面談交渉は拒否した方がよいと考えます。

回答は、「すでに住民説明会において回答をしています。資料も配付し、安全性についての文書も情報公開の対象としています。情報公開請求の手続をおとりください」。「多人数の訪問は職務の妨げとなるので速やかに解散し、お引き取りください」と述べ、それでも帰らない場合は、警備員を呼んでください。

76 環境問題を口実にしたトラブル・建築紛争

> **Q** 当市役所の環境課の窓口に市民Xさんが押しかけ、「隣地でマンション建築が始まった。うるさくて寝られない。このままでは気が狂う。騒音を測定しろ。建築業者Yにすぐに建築をやめるように指導しろ。マンション建築工事が止まるまで毎日来るぞ」と怒鳴っています。どうしたらよいのでしょうか。

A マンション建設は建築基準法等の法令に基づき建築確認申請がなされて建築がなされます。さらには大都市では高層の建物建築については要綱により周辺住民に対して所定の手続をなすように指導がなされます。これらを履践してマンション建設業者Yが建設をなしている以上、市としてはXY間の損害賠償差止め等のいわゆる民間同士の問題として介入はできません。本事例は建築課ではなく環境課に押しかけ騒音対策の名目で行政を動かそうとしているクレーマーにほかなりません。

「あくまでもXさんについての損害賠償差止めという個人の権利の確保の問題として、介入できないこと、騒音については自らの責任で測定するように」と毅然とした対応が必要です。

第2編
応用編
~具体的事案の総合的検討~

問題解決能力を高めるために、様々な具体的事案を参考にして課題を創作し、その問題にあわせて関連する問題課題を記載した。

本編では問題点は何か、いかに解決すべきかを解説する。

第2編 応用編

長期に及ぶ不当要求行為対策

事案

　私は、A市の職員です。当市役所において当市の市民Xさんが平成10年ごろから、毎日午前9時から午後6時まで、庁舎内にて、以下の行為をしています。
① 教育委員会事務局について、10年前の自分の子どものいじめについて教育委員会の対応が悪い。
② その後、妻との関係が悪くなり、暴力をふるったため妻と別居し、離婚訴訟になっているが、市民課が住民票の閲覧制限をしているので、妻と連絡がとれない。納得できるまで説明せよ。
③ ①②について住民コーナーで相談したところ、自分にとって有利になるような満足のいく回答が出ない。謝罪しろ。
④ ①～③のような態度を自分にとるのは、市長がバカだからである。市長に会わせろ。
と主張しています。大声で怒鳴るので、他の市民の方から「静かに相談できる環境にしてほしい」との苦情が出ています。以前市民の方がXさんに「少し静かにしてほしい」と注意したところ、自宅まで押しかけ謝罪文を書かせたこともあり、市民も恐れています。市民Xさんは、また同じ行為を繰り返しています。
　職員数名が、このため精神疾患で休んでいます。

Q このような場合、
① どのような対応を各窓口ですべきですか。
② どの部署がこの問題を解決したらよいのでしょうか。
③ 解決方法はあるのでしょうか。

課題1 長期に及ぶ不当要求行為対策

① 10年前の自分の子どものいじめについて教育委員会の対応が悪い。

② 暴力をふるったため妻と別居し、離婚訴訟になっている。市民課が住民票の閲覧制限をしているので、妻と連絡がとれない。納得できるまで説明せよ。

③ ①②について住民コーナーで相談したところ、自分にとって有利になるような満足のいく回答が出ない。謝罪しろ。

④ ①〜③のような態度を自分にとるのは、市長がバカだからである。市長に会わせろ。

市民からの苦情
注意した市民の自宅に押しかける

市民Xさん

閲覧制限が法律によるかて、ワシは納得せんぞ。納得できるまで説明せい。

→ 職員数名が、このため精神疾患で休んでいます。

■ 解説

　本件は実際に生じた事案です。10年以上市役所に毎日午前9時少しすぎから午後6時近くまで市役所内で暴言を吐き、職員を威圧した事案です。実際の事案では、顧問弁護士から内容証明郵便により、市民Xさんの行為は業務妨害行為であるとの警告を出しましたが効果がありませんでした。顧問弁護士においては、地元の所轄警察署に連絡し、警察官が市民Xさんに対して警告を行いました。しかしながら、市民Xさんは「逮捕令状をみせろ」と逆に警察官に反撃する状況でした。市民Xさんの行動は、市長室に押しかけ暴言を吐くなど過激化していきました。事案のとおり、市民Xさんの行為により若手の優秀な職員が退職へと追い込まれたり、精神を病むという事態すら起きていました。さらに議会にも押しかけ、一部の議員に対して執拗に「ヤジ」を飛ばし、市民Xさんのご機嫌をとる議員すら現れる有様でした。顧問弁護士は知り合いの弁護士の協力を得て市民Xさんの業務妨害行為の差止めを目的として、具体的行動をとりました。まず、市民Xさんが業務妨害行為を行っている各部署における市民の苦情の聞き取りをしました。「うるさくて相談ができない」「Xさんが怖くて相談できない」等の市民からの苦情が多数寄せられました。

　市民Xさんの対策として窓口を秘書課に一本化し、情報の収集と整理を行うとともに、窓口対応を行いました。

第2編 応用編

　そして、庁舎管理権に基づき、一番市民の近づかない市長公室、秘書課前の廊下に防犯カメラを設置し、市民Ｘさんの行動を記録しました。そのうえで職員から市民Ｘさんの行動記録を聴取しました。市民Ｘさんは10年以上市役所の職務を妨害していたこともあり、内容証明・警告ではなんら抑止の効果がないことから、自己の行為は全て正しいと信じる、いわゆる人格障害者の可能性が高く、解決の手法としては、①裁判手続により裁判所の命令の発出を求めること、②裁判手続の中、証拠等により市民Ｘさんの行為について明らかにすること、③警察と連携し、裁判所の命令に違反した場合、どのような対応ができるかを事前に協議しました。

　裁判手続については、議会の同意が必要である民事訴訟による差止請求ではなく、民事保全法による差止の仮処分の申立をなすこととしました。これは民事訴訟では判決が出るまで時間がかかること、議員の一部には市民Ｘさんの機嫌をとるため民事訴訟提起に反対する可能性があること、議会が公開原則であることから議会の審議を市民Ｘさんが妨害する可能性があること、また議会開催日が相当後であること等を考慮し、市長の専決処分である仮処分申請によることとしました。仮処分の申請については原則非公開であり、書面審理が中心となり迅速に結論が裁判所によりなされる制度であることから、もっとも適切であると考えました。しかしながら、突然裁判所から、市民Ｘさんに対して「○○してはならない」との命令がなされても、果たして市民Ｘさんは理解し、業務妨害行為をやめるでしょうか。問題の解決なくして満足する法的効果を確保することはできません。

　仮処分・仮差押の手続については、全て決定手続で審理されます（民事保全法3条）。決定手続による審理の方式としては事案の内容や疎明の程度により書面審理でも行うことができ、本件のような業務妨害事案については原則債務者の審尋が必要ですが、債権者のみの面接審尋のみで行われる場合が多く、本件の場合、相当程度の疎明資料の提出ができた事案ですが、あえて民事保全法23条4項本文の原則どおり債務者が立ち会うことができる審尋の期日を経ることにしました。審尋期日の呼び出しを債権者（本件の場合Ａ市）が受けた場合、債権者Ａ市は遅滞なくすでに提出した主張書面、疎明資料である書証の写しを直接債務者である市民Ｘさんに送付しなくてはなりません（民事保全規

則15条)。本件の場合、市民Xさんは自分が法律であり、市の権利者と信じ込んでいることから、A市代理人から申立書等の写しが送付されたとしても、無視するか、A市に対してさらなる妨害行為をエスカレートさせる可能性が高くなります。そこで、審尋期日の呼び出しとともに民事保全規則14条3項により、裁判所が相当と認める時は裁判所を介して債務者に写しを送付することを認めていることから、その旨を上申し、裁判所から債務者市民Xさんに送付をしました。

さて、審尋期日について、このような妨害行為をA市に対して長年行ってきた人物である市民Xさんに対する対策として、債権者A市代理人として考慮しなくてはならない事項があります。確実に呼び出しができるか、審尋期日において市民Xさん本人も裁判手続によっての審理であると認識できるかです。市民Xさんのみならず、一般市民にとっての裁判所のイメージは「法廷」であり、弁護士等訴訟代理人が経験するラウンドテーブルによる審尋審理とは遠い存在です。裁判を受けたという意識を市民Xさんに認識させなくてはならず、裁判官等当事者の安全も考慮しなくてはならないことから、審尋には法廷を利用することを強く申し立てました。その結果、本件の場合市民Xさんは審尋期日に審尋の場所である法廷にあらわれ、当然のように裁判官の質問に対して罵声を浴びせるなどの対応でした(事前に警察にも連絡し、万が一の状況に対応できる体制を裁判所とも協議していました。)。

結論としては、以下の保全命令がなされています。そして保全命令の送達については特別送達ではなく執行官送達を上申し、執行官は警察に援助要請をし、警察官を帯同しての保全命令の送達をしました(民事保全法46条、民事執行法18条)。

なお、仮処分による供託金は本件の場合5万円です。代理人による第三者供託の方法をとりました。予算の執行において弁護士費用として一括処理しており、供託金取戻しの金銭処理の手続等が簡便であるからです。

行政強制が制限されている現在の法制においては、民事保全法の活用も行政に対する様々な不当要求行為対策として重要です。

第2編 応用編

仮処分決定

当事者別紙当事者目録のとおり

上記当事者間の令和○○年（ヨ）第　号庁舎立入等禁止仮処分命令申立事件について、裁判所は債権者の申立を相当と認め、債権者に代わり第三者弁護士○○に下記方法による担保を立てさせて、次のとおり決定する。

主　文

債務者は自ら次に掲げる行為をしてはならず、第三者をしてこれをさせてはならない。
1. 生活保護受給手続きその他の正当な理由がないのに、債権者庁舎に立ち入る行為
2. 架電、面会その他の方法のいかんを問わず、債権者を困惑させる目的で、債権者職員に対し、同一の請求又は質問を反復する行為
3. 債権者職員に対して面談を強要し、または「アホんだら」「カス」等の暴言を吐き、もしくは罵声を浴びせる行為
4. その他債権者庁舎内またはその付近において大声を張り上げ等、債権者の平穏な業務を妨害し、または、同職員もしくは同庁舎内利用者を困惑させもしくは畏怖させるような一切の行為

立担保の方法
　　　　　略

※主文の解説

第1項「生活保護受給手続きその他の正当な理由がないのに」、債務者も市民・住民であることから、正当な権利の権利行使についてまでも制限しないとの趣旨（地方自治法244条2項）です。

第2項「債権者を困惑させる目的で、債権者職員に対し、同一の請求または質問を反復する行為」の禁止は、クレーマーの特徴である同一の質問を反復して困惑させる行為の禁止です。

第4項「同職員若しくは同庁舎内利用者を困惑させ若しくは畏怖させる

ような一切の行為」の禁止は、地方公共団体において庁舎の利用が市民・住民に対して住民サービスを提供する目的であり、利用する機会権利を妨害してはならないという行政の目的を全うしなければならないという趣旨です（主文1項と対比されたい。）。

（備考）

　債務者に対して通常訴訟を提起しなかった理由は、訴え提起には議会の同意が必要であるところ（地方自治法96条12号）、本件の場合債務者の同調者が議員にいたことから議会審議の混乱を回避したこと、仮処分決定がいわゆる満足的仮処分であり通常裁判による判決と執行を必要としないことです。

　本件の解決ついては、顧問弁護士が積極的に市職員、市長・副市長等幹部職員に問題解決のために働きかけ、地元警察署と連携し、専門の弁護士と協力体制をとるというようにコーディネイトを万全に行ったところにあります。

第2編 応 用 編

課題2 職員に対する暴力行為クレーマー

事案

　私は教育委員会事務局において施設管理を担当している事務職員です。
　当市の市民文化会館については、会館の敷地は市の所有地ですが、駐車場が不足するため近隣住民のYさんから、土地を借りて駐車場にしています。当市の規程により、地代の計算方法は決まっており、固定資産評価額に一定の係数を掛けた数字をもって賃料としています。一括して借り上げる駐車場用地の地代よりは多少高く設定されています。
　ところが、昨日Yさんが市民文化会館を所轄する教育委員会事務局（市民文化課）を訪問し、「市民文化会館の周辺の駐車場をみると、1時間200円、1か月7000円の使用料となっている。今の地代が納得できない」と言ってきました。担当者の私の部下Zは、数日連続して10数時間にわたり説明しましたが、納得せず担当者Zを拳骨で殴り、担当者Zは鼻血を出してしまいました。担当者Zは、「自分の説明が悪いから」と早退しました。また昨日からどういう経緯かわかりませんが、私の自宅を探し出し、夜9時頃から12時頃まで、自宅玄関前で「地代を上げてくれ」と言い続け、「明日も夜来る」と言い、帰って行きました。
　本日、上司に事情を話すと、上司から、Yさん宅を本日勤務後訪問し「地代について納得してもらうように。それが誠意だよ」との指示を受けました。

Q　この場合、

① 担当者Zは市民Yさんに対してどうしたらよいのでしょうか。

② また上司の指示に対してどうすべきでしょうか。組織的対応としてどうすべきでしょうか。

③ 市民Yさんが夜「私」の家を訪問することについてはどうしたらよいのでしょうか。当該職員として、また担当部署、相談を受けた者としての対応を教えてください。

課題2 職員に対する暴力行為クレーマー

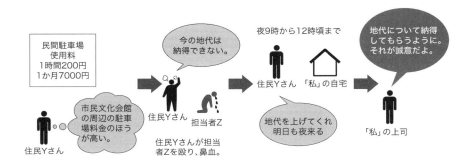

解説
1 事案の分析

基本的な考え方を述べます。市民Yさんの「金額について納得できない」との主張に対して、納得できる説明が可能なのか否かを考えなくてはなりません。結論から言えば納得できる説明は不可能です。

市としては、規程により固定資産評価額に一定の係数を掛けた数字をもって賃料としており、それ以上の金額を賃料として支払うことは不当な支出として当該職員の責任が問われることになります（住民による監査請求及び訴訟の対象・職員の賠償責任（地方自治法243条の2））。では「納得」とは何でしょうか。職員としては市の規程に従い賃料を説明する以外方策はありません。賃料の増額請求、賃貸借契約の解除、駐車場の明け渡しについては、あくまでも市民Yさんの財産権行使の問題であり、裁判等の法的手続を待つべき事案です。

職員の心理として、なんとか市民Yさんの理解を求めたい心情は理解できなくもないですが、公務員の職務が公の財産を預かり、公平で公正な職務を行うという本質を忘れてはいけないのです。

本件の問題は「担当者の私の部下Zは数時間にわたり説明しましたが、納得せず担当者Zを拳骨で殴り、担当者Zは鼻血を出してしまいました」と担当者Zが傷害を受けた事実です。本件と同様の事件では、担当者Zの職務を受け継いだ職員が市民Yさん宅を訪問した際、包丁で刺されるという事件に発展しました。さらに本件は2013年某市市役所市税収納課の窓口での職員の対応に激

高し放火した事件と類似しています。

　いずれも加害者は、職員に対して反復継続して「納得できない」「説明せよ」等同一の質問を繰り返し、長時間、居座り等の行為をしていました。まさしくクレーマーです。

2　クレーマー対策

　クレーマーについて分析します。市民Yさんの行動原理であるクレーマーには2種類のタイプが存在します。第1のタイプは、経済的クレーマーで「課税納税を逃れる」「公的資金の貸し付けを要求する」「公営住宅への入居を強要する」とするタイプです。彼らの行動が経済原理に裏打ちされていることです。すなわち彼らにとって時間と手間が最大の障害要因です。第2のタイプが、人格障害者といわれるタイプです。この人格障害というタイプのクレーマーが最も厄介です。理由は彼らの真の目的は「他人の苦痛」「自己の優越性の確認」であり、他人が自分の言動等行為により困惑し苦しむ姿をみて優越感に浸り、自己の存在感を確認するという人格だからです。彼らは「満足」「納得いく」までクレームを続けます。

　このようなクレーマー的不当要求行為について、各地方公共団体において対策を講じているものと信じますが、なぜ本件のような突発的な事件が生じるのでしょうか。もう一度クレーマーの分析を行う必要があります。人格障害者としてのクレーマーの目的は「他人の苦痛」であり、対象となる職員の肉体的・精神的苦痛は何ら考慮しません。そして、特徴ある思考が存在します。全ての他人より自己が優越した存在であり、自己の思考・価値判断は絶対であり、他人はこの思考・価値判断に従うべきであるとの思考です。

　この思考に基づき「納得いくまで説明せよ」「法律は間違い」「おまえ達は嘘つき」等自己を中心とした言動をし、他人に苦痛を与え迷惑をものともせず行動することができます。長期に渡るクレームの行動はこの原理であり、本件の担当者、担当部署の「解決したい」「解決しよう」「理解して欲しい」という誠意と使命感を巧妙に利用します。クレーマーに対して担当者の「善意」「誠意」「努力」といった言葉はまったく通用しません。

3 職員の安全と職務の公正な執行の確保

　事案の分析をすれば、職員に対する傷害事件、放火事件等いずれの事案について、実は重大な被害が生じる前提として、小さな暴行脅迫等の事件が必ず存在します。すなわち、小さな暴力を放置することにより大きな被害を職員・職場にもたらすのです。

　それは、クレーマーの特性から導き出せます。全ての他人より自分が優越した地位にあり、自己の思考・価値判断は絶対であり、職員を含めた全ての他人はこの思考・価値判断に従うべきであるとの思考です。彼らは「自分の考えが法律である」「何をしても自分は許される」と信じる傾向にあります（自己中心、プライドが高いなど）。もし、そこで小さな暴力事件が存在し、被害届など提出されず、いわゆる「ウヤムヤ」に処理されれば、彼らは「俺が人を殴っても許される」「役所で騒いでも許される」と信じます。これが大きな被害をもたらすきっかけとなるのです。本件の場合、職員Zは次の被害を防ぐためにも被害届を出すべきでした。重要な問題は公務中に加害行為がなされていることから職員Zの個人的問題ではなく、市全体の職務の公正性が暴力により侵害された事実です。市としては、職務の公正性を確保するためにも庁舎内での事件であることから、告発をすべき義務を負います（刑事訴訟法239条2項）。なお、本件と同様の事件で親族の公営住宅の入居を強要し、市営住宅入居の担当課長に対して傷害を加えた事案がありました。この事件の場合、被害者の担当課長は精神的に衝撃を受け、事件後しばらく休職しました。その際、市長名で所轄警察署に対して傷害罪で告発手続を行うとともに、顧問弁護士を通して抗議文を加害者に送付したことにより、加害者は傷害罪で逮捕されました。市は顧問弁護士を通じ検察庁に公判請求をするように強く申し入れましたが、略式命令による罰金刑に止まっています。当該加害者は後に殺人罪で逮捕され刑務所で服役中です。まさに彼らは「俺が人を殴っても許される」「役所で騒いでも許される」と信じており、小さな暴力を見逃すと大きな暴力を誘発します。市役所放火事件等の凶悪事件についても、小さな暴力に対して厳正な対応を行わなかったことに起因するのです。

　なお留意してほしいのは、被害を受けた職員Zの心情です。公務中暴力を受けた被害者である職員は、筆者の担当した事件からは精神的に相当程度のダ

メージを受け、暴力を受けた事実を忘れようとして被害届を警察に対して出すことを躊躇しがちです。この場合組織としては、積極的に前記のとおり告発手続を行うべきです。そして被害を受けた職員のケアと民事的にも被害回復について支援をなすべきです。民事・刑事を含めた被害回復を行わないことは、暴力を容認し職員に対する二次被害をもたらします。

4　まとめ

　まずは、妨害行為がなされた場合の速やかな対応です。問題は「数日連続して10数時間にわたり説明しました」との対応です。なぜ勤務時間を超えて庁舎内で長時間対応しなくてはならないのか、職務の公正な執行という観点から、考えなくてはなりません。そもそも職員は全体の奉仕者として、その勤務時間は市民全体のために費やさなくてはなりません。本件事例の場合は数日連続して特定個人の要望についてのみ対応していたのであり、客観的にみておおよそ公正な職務の執行とは言い難く、時間を限定して対応すべきであった事案です。しかも市民Yさんについて勤務時間後の庁舎内の居座りの状況が推測されますが、庁舎管理権に基づき、すみやかに退去を求めるべき事案であり（警備員の立ち会いも必要）、状況によっては不退去罪による告発も考慮しなくてはなりません。

　では、市民Yさんが夜「私」の家を訪問することについてはどうしたらよいかですが、あくまでも職務に関しての市民Yさんの圧力・嫌がらせであり、組織として各地方公共団体において制定されている不当要求行為防止に関する規定に基づき、警察への相談や顧問弁護士への対応の依頼等をするべきで、勤務時間外・自宅で市民Yさんの行為という面のみ勘案し、問題の本質を忘れてはいけません。市民Yさんの職務妨害行為であり、あらゆる場面を想定して、職員を組織として守るものとして、クレーマーによる不当要求行為防止対策として必要です。

　最後に、繰り返しますが、被害を拡大し再発しないためにも、暴行、脅迫等刑事事件になるような被害はもとより、長時間居座り等の不当要求行為に対しても、たとえ被害が少なくとも被害の拡大を防ぎ、今後の不当要求行為の再発を防ぐためにも組織的対応はもとより警察への相談、被害届等厳正な対応が必

要です。日々厳正に対応することは職員の安全を守るためにクレーマー対策として必須です。

5　上司の指示

「Yさん宅を本日勤務後訪問し、地代について納得してもらうように。それが誠意だよ」との上司からの指示については、職員Zの被害について看過する上司の対応、しかも暴力の存在がありながら加害者Yさん宅を勤務後訪問することは、危険過ぎる指示であり、おおよそこの上司は職員の安全はもとより職務の公正性の確保という職責を自覚していません。地方公務員法32条は「職員は、その職務を遂行するに当たって、法令、条例、地方公共団体の規則及び地方公共団体の機関の定める規定に従い、かつ上司の職務上の命令に忠実に従わなくてはならない」と規定していますが、上司の職務上の命令は正当なものでなくてはならず、本件のような職務の公正性の確保を無視し、当該職員を危険にさらす命令は正当な命令とは到底言えず、従う義務はないばかりか、職務の公正性を確保するためにも従ってはいけません。各地の地方公共団体で制定されている公益通報制度、内部通報制度に基づき、事件の概要と告発手続そして上司の命令が不当であることを通報すべきです。上司の命令は明らかにコンプライアンス違反となります。

未然に大きな被害の再発を防ぐため有効な対策として以下の制度を紹介します。

名古屋市は「名古屋市職員の公正な職務の執行の確保に関する条例」を制定し、職員が外部から要望等を受けたときは、誠実かつ公正に対応するとともに、不当要望等及び行政対象暴力に対し毅然と対応することを「職員の責務」と定めており、組織として適切に対応していくために、要望等については、原則としてすべて記録することとしています。そして要望等のうち、不当要望については、市公式ウェブサイト上で公表し、不当要求行為に対して毅然とした態度を示す制度を確立しました（末尾の条例を参考としてください）。

そもそも、本件の加害者市民Yさんについては、全ての他人より自分が優越した地位にあり、自己の思考・価値判断は絶対であり、職員を含めた全ての他人はこの思考・価値判断に従うべきであるとの思考です。彼らは「自分の考え

が法律である」「何をしても自分は許される」と信じる傾向にあります（自己中心。プライドが高い）。自己の意見が正しいと信じている人物であることの反面、周囲から自己がどのように評価されているかについて大きな関心を持っている人物と推測できます。「自分は偉いのだという夜郎自大の心理」「職員に対して苦痛を与える自分自身の優越感」です。この心理・優越感を砕くには、職員の判断意見ではなくクレーマーよりさらに専門知識があると社会的に認められる組織ないし専門家による意見、知見を公開の場で開示され、クレーマーの要望が不当要望、不当要求行為であると宣言することです。クレーマーにとって専門家の意見により自己の行為が不当要求であることをウェブサイト上で白日の下に公開されることは予想外であり、自己の権威・自信の喪失となります。この段階でさらなる行為が止まる可能性が高く、しかも不当要望を行おうとする者への予防策ともなります。すなわちクレーマーは自己顕示欲と自己愛の塊である「自分が正しい」と信じているところ、公表により「あなたの行為は不当要求行為」と評価されることは自己の醜状を鏡に映し出されるに等しく「自己顕示欲・自己愛」を打ち砕く優れた方法となります。

実務としても不当要望等の防止と対策に有効に機能しています。

なお、各地においても同様の条例「職員倫理、コンプライアンス、公益通報制度等に関する条例」が制定されています（地方自治研究機構令和5年4月9日更新参照）。

備考1　なぜ職員の自宅がクレーマーに判明するのか

クレーマーはいわゆる「一見さん」ではなく当該担当課、担当職員とはそれなりに接点がある場合がほとんどです。クレーマーの要望は「職員の苦痛」であり「職員に対して優越的地位にあることによる自己確認」であり、この要望を実現するため、クレーマーはクレーマーなりに研究し学習します。職員のネームプレートから氏名の特定、地方であれば当該氏名の名字がどの地区に多いか、当該職員又は当該職員と同僚との何気ない会話から出身中学を聞き出し学区を特定し、住宅地図で調べる等です。いずれも既存公開情報からその住まいを探知する場合が多く、このような職員個人の居宅をクレーマーに知られないようにするためには、職員との接点をできるかぎり短くし、無駄話はしないことに

つきます。すなわちどうしてもクレーマーの機嫌をとろうとすると、会話の内容は世間話に向かうことが多く、クレーマーの狙いはまさにこれであり、優しく冷たく丁寧に手短に扱うことに尽きます（ネームプレートは外しましょう！）。

備考２　不退去のタイミング

長時間庁舎を退去しないクレーマーに対する対応をどうするか、現場で悩むところです。

黒板に下記文言を記載し、庁舎管理権に基づき、録音、写真撮影、録画をなす方法が証拠として望ましいとされています。

文言　「〇〇さん。現在の時刻は時分です。退去を求めます」→録音
黒板　「〇〇課　　時　　分」

職員が黒板をクレーマーの背後で掲げ、クレーマーを撮影する→時刻が明確となります。

繰り返し、警察との連絡をとるようにしてください。

参考
● **名古屋市職員の公正な職務の執行の確保に関する条例（平成26年名古屋市条例第45号）**

同条例市政・市行政の透明化の推進及び公正な職務執行の確保を目的としている。以下抜粋

　　第1章　総則
（目的）
第1条　この条例は、職員の公正かつ公平な職務の執行を確保するために必要な事項を定めることにより、透明性の高い市政を推進し、もって市政に対する市民の信頼を確立することを目的とする。
（定義）
第2条　この条例において、次の各号に掲げる用語の意義は、当該各号に定めるところによる。
（1）（略）
（2）通報対象事実　法令等に違反し、職員の公正な職務の執行を妨げる事実をいう。
（3）要望等　職員以外の者が職員に対して行う市政に関する要望、意見、苦情そ

の他これらに類する行為をいう。
(4) 不当要望等　要望等のうち、次のいずれかに該当する行為を求めるものをいう。
　ア　正当な理由なく、特定の者に対して有利な取扱いをし、又は不利益な取扱いをすること。
　イ　正当な理由なく、特定の者に義務のないことを行わせ、又は特定の者の権利の行使を妨げること。
　ウ　正当な理由なく、執行すべき職務を執行しないこと。
　エ　職務上知り得た秘密を漏らすこと。
　オ　その他法令等に違反する行為を行うこと。
(5) 行政対象暴力　次のいずれかに掲げる言動を伴う要望等をいう。
　ア　暴行
　イ　脅迫
　ウ　正当な理由なく、面会を強要する言動
　エ　著しく粗野若しくは乱暴な言動又は不快若しくは嫌悪の情を抱かせる言動
　オ　アからエまでに掲げるもののほか、庁舎内の秩序の維持その他職員の公正な職務の執行を妨げる言動

　　第2章　内部公益通報制度
（内部公益通報）
第3条　職員は、通報対象事実が発生し、又は発生するおそれがあると思料するときは、その旨を市長又はコンプライアンス・アドバイザー（本市と第14条第1項の契約を締結し、かつ、当該契約の期間内にある者をいう。以下同じ。）に通報することができる。

　　第3章　要望等記録制度
（要望等を受けた職員の責務）
第7条　職員は、要望等に対し誠実かつ公正に対応するとともに、不当要望等及び行政対象暴力に対し毅然として対応するなど、常に公正な職務の執行に当たらなければならない。
（要望等の記録）
第8条　職員は、要望等を受けたときは、規則で定めるところにより、その内容を記録するものとする。
（記録の報告等）
第10条　職員は、第8条の規定による記録を作成したときは、当該記録を任命権者に提出しなければならない。

> 課題2 職員に対する暴力行為クレーマー

（助言）
第13条 任命権者は、次の各号のいずれかに該当する場合において、必要があると認めるときは、コンプライアンス・アドバイザーに対し、助言を求めることができる。
(1) 要望等の内容が不当要望等又は行政対象暴力に該当するかどうかを判断することができない場合
(2) 不当要望等又は行政対象暴力への対応に関する方針を決定し難い場合

　　　第4章　コンプライアンス・アドバイザー
（コンプライアンス・アドバイザー）
第14条 市長は、規則で定めるところにより、毎年度、職員の公正な職務の執行を確保するために必要な助言を受けること等を内容とする契約を締結しなければならない。
2　本市が前項の契約を締結できる者は、法律に関し優れた識見を有する者とする。

●フローチャート

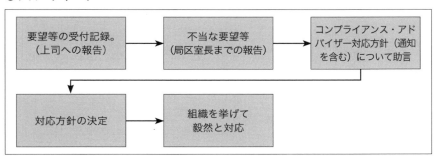

●公表へのフロー（総務局職員部コンプライアンス推進課第6版「要望等記録制度運用マニュアル」からの転記）

　　任命権者へ提出された要望等記録兼報告書について、以下のものを公表します。

■公表するもの
○総記録件数
　…要望内容が不当であるか否かに関わらず、全件数を公表します
○概要
　…不当要望等及び行政対象暴力の概要、対応結果を公表します
　　※個人を特定できる情報は公表しません

第2編 応用編

　公表は、完結した翌年度の9月頃に「人事行政の運営等の状況について」（冊子）に掲載し、市会へ報告するとともに、市公式ウェブサイト等で行います。

《不当と判断された要望等の公表に係るフロー》

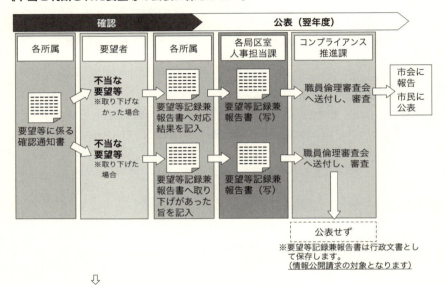

※要望等記録兼報告書は行政文書として保存します。
（情報公開請求の対象となります）

⇩

（不当要望に対する通知・公開）

不当要望等の場合要望等に係る確認通知書（例）

　　　　　　　　　　　　　　　　　　　　　　　　　　○○第　　号
　　　　　　　　　　　　　　　　　　　　　　　　　　令和　年　月　日
○○○○殿
　　　　　　　　　　　　　　　　　　　　　○○局（区・室）長

　　　　　　　　　　要望等に係る確認通知書
　　○○年○月○日面談にていただいた、○○に関するご要望は「名古屋市職員の公正な職務の確保に関する条例」第2条第4号で規定する「不当要望等」に該当します。
　　当該要望等を取り下げない場合は、名古屋市公式ウェブサイト等により公表されます。
　　当該要望等を取り下げる場合は、○○年○月○日までに下記担当課に御連絡ください。

課題2 職員に対する暴力行為クレーマー

件名
概要
担当課○○局・区・室○○課
電話○○○—○○○○

1. 本制度は、要望については記録し組織的かつ適正な対応を行うための資料とするとともに、市民等の要望が不当要望にあたるかいなか、コンプライアンス・アドバイザー（弁護士）による助言等により慎重かつ適切な判断をなし、公正かつ適正な市政を行う体制を確保しています。
2. 本件に即して、同制度を適用すれば、「今の地代が納得できないと言ってきました。担当者の私の部下Zは、数時間にわたり説明しましたが納得せず」の時点で、市の要綱に反する地代の請求を行っている事実から不当要望と判断でき、さらに「担当者を拳骨で殴り、担当者Zは鼻血を出してしまいました。」は明らかに傷害罪（刑法210条）に該当し行政対象暴力と判断され、公表の対象となります。むろん職員の被害届、告発の手続きについても援助がされます。

第2編 応用編

課題3 施設管理とビデオ撮影・録画の制限

事案

私はA市総務部市民生活相談の窓口の担当です。市民相談、生活相談窓口等複数の窓口で「A市正義のユーチューバー」と名乗るXさんが、開庁時間の大半、庁舎内でビデオ（動画）撮影をしています。

Q

このような行為を禁止することはできるのでしょうか。Xさんは知る権利を侵害する・市役所職員の不正を監視するために撮影していると主張しています。どうしたらよいのでしょうか。

解説

一般論として庁舎管理権に基づいて、撮影・録画を禁止することができます。庁舎管理権とは「公物管理者たる庁舎の管理者が、直接、国又は地方公共団体等の事務又は事業の用に供するための施設としての本来的機能を発揮するための一切の作用」を言い、施設としての本来的機能を発揮するために必要な一切の措置をとることができます。庁舎管理権がこのような性格の権利である以上、庁舎内においてビデオ撮影・録画する行為を庁舎管理権によって禁止することは「施設としての本来的機能を発揮するために支障となる場合」として、当然です。

具体的にはどのような場合に「施設としての本来的機能を発揮するために支

障となる」か。ビデオ撮影・録画の場合、行為者が映そうとした対象以上に周辺の背景までも画面内にとりこむことになることから庁舎内の資料、来庁者の姿を無差別的に溶け込む危険性が高い、また来庁者の姿を無断で撮影・録画することになれば住民が必要に応じて庁舎を利用する自由を制限されるとともに、違法な個人情報の収集にもなりかねません。他方そのような危険性がない場合は一律にビデオ撮影・録画を禁ずる必要はありません。そこで庁舎管理権の適正な行使を確保するため、庁舎管理規則を制定し、「ビデオ撮影・録画については事前の許可を必要とすること、庁舎の執務及び来庁者の個人情報の保護に支障が無いときは許可することができる」とする規定を設けることが好ましいと考えます。

　しかしながら、庁舎管理規則を定め、ビデオ撮影・録画を原則禁じる旨の規定を置き、庁舎管理者の指示、説得を無視し、ビデオ撮影・録画を強行した場合はどのような対応がとれるか、検討します。

　裁判例として、東京高裁昭和52年11月30日判決・判例時報880号99頁（議会において傍聴券を得られなかった集団が議員の庁舎内への入場を阻止するために座り込んだのに対して庁舎管理者が退去命令を行い、職員としてこれらの者を排除した事例）、東京高裁昭和52年2月24日判決・判例時報819号101頁（逮捕行為に対する抗議のために警察署内で抗議を行った集団に対して職員をして庁舎外に排除した事例）の事例を参考にすれば、ビデオ撮影・録画により庁舎内の職員の執務、来庁者の個人情報の保護に支障があると判断される場合には、録画者・撮影者が庁舎内に立ち入ることを禁止するとともにすでに庁舎にいる場合には、一定の場所への立ち入りを禁止し、庁舎外に退去させるべくある程度の有形力の行使は可能であると判断できます。ただし有形力の行使は緊急性がある場合、可能なかぎり混乱を収拾させる場合に限り可能であると考えます。いずれにしても警察の協力は必要であり、警告しても退去しない場合は不退去、立ち入り禁止場所への立ち入りがなされた場合は住居侵入、当該人物が騒ぎ具体的に業務を妨害したときは威力業務妨害で被害届を提出し刑事的対応をすべきです。

　本件と同様な事件について、市の業務を遂行する権利に基づき、庁舎内における撮影を禁じる措置を講ずることの可否について争われた裁判例（以下「裁

判例」と言います。）を紹介します（千葉地裁令和2年6月25日判決・判例地方自治466号13頁）。

本裁判例の争点は、平穏に業務遂行する権利に基づく動画撮影禁止請求の可否です。

裁判例は「庁舎管理権の許可なく」動画撮影行為を差止めることができると認めましたが、無限定での差止めは認めませんでした。無限定での制限については地方自治法244条とのバランスを考慮したものと言えます。

では、どのような場合に認められるかについては、本裁判例は「業務に従事する者に受忍限度を超える困惑・不快を与えるときは、市の業務を妨害する行為が、行為を行う者の権利行使として相当と認められる限度を超えており、本来予定されている利用を著しく害し、かつその業務に従事する者に受忍限度を超える困惑・不快感を与えるなど、業務に及ぼす支障の程度が著しく、事後的な損害賠償では回復困難な重大な損害を与える」場合は差止請求が認められるとしています。さらに動画撮影行為は公務の実施状態を知ることができるという点では知る権利としての側面があると言えるが、その行使は無制限ではなく、本裁判例では秘密保持のために撮影対象の文書を撮影されないようにしなくてはならず、行為者と来庁者とのトラブル防止のために職員に負担が強いられてきたこと、職員に不正行為を行われている証拠がないこと、不正を監視するというより職員を挑発・嘲笑すること自体に主眼が置かれていたこと、建造物侵入罪で逮捕された後も撮影を継続していたことから、差止めを認めました。

本件の場合、裁判例から、Xさんは知る権利を侵害する・市役所職員の不正を監視するために撮影しているとの主張については、判断するまでもなくXさんという人物の行為を禁止することはできます。

さて、問題は解決するのでしょうか。実効性から検討してみます。差止めの確定判決を得てもXさんが動画撮影を繰り返せば、間接強制による執行しかできません。Xさんが無資力であればまさに「絵に描いた餅」、判決を無視しても何の影響もないと、行為はエスカレートする危険性もあります。そもそも「庁舎内に立入りする行為」を禁止する請求が可能かといえば、本編課題1の事例から一律に住民の立入りを禁止することは大変困難です（地方自治法244条）。しかもXさんは「他人に迷惑苦痛を与えることは楽しみ」「自分は市の職員よ

り偉い」「自分の行為は全て正しい・私が法律」という人格障害者的要素があります。「効果」がない措置は、Xさんが増長する可能性がかなりあると言えます。本編課題2の事案と同様に、人格障害者に対して何の制裁もないと認識させることは、新たな被害をもたらすばかりではなく、当然自己の行為は許されるとの「確信」に基づき行為が継続する可能性があります。

　そこで以下を提案します。①不当要求、行政対象暴力の行為者に対して「公表」する制度の創設（「本編課題2　（参考）名古屋市職員の公正な職務の執行の確保に関する条例」）を検討します。それは、人格障害者的行為者については「公表」「身元がばれる」ことを予想せず、誰にも「ばれない」との信念を持っている例が多いからです（案外世間に恥をさらしたくないという気持ちがあります。自己の社会における優位性の信念。）。YouTube上において警察の職務質問、市役所の窓口を「正義のユーチューバー」と名乗り撮影している人物のほとんどが匿名・仮名であることからも明らかです。

　さらには、②庁舎内の特定の場所について「撮影禁止」を告知し、違反した場合は警告、撮影禁止命令を、命令に従わない場合は「科料」制裁をするとの条例制定の検討も必要かと考えます。

　刑法と異なり、科料の制裁は行為に対して可能であり、しかも公表措置により白日の下に行為者の「不当性」がさらされるからです。条例については「たばこ、ゴミポイ捨て禁止条例」「路上喫煙禁止条例」が参考になると考えます。

> 参考

〈YouTubeへの抹消請求〉
1. 該当の①動画ページを開き、動画上部又は下部の「：」をクリック。②旗マークのアイコンがついた「報告」をクリック。③報告理由を選んで送信。
2. 通報によるコメント削除、YouTube（グーグルアカウント）にログイン、コミュニティガイドラインに違反との申告
3. 仮処分の申立て、投稿者・グーグル（管轄東京地方裁判所）
4. 投稿者の特定の場合→IPアドレスからたどる。グーグルに対する開示仮処分もできる。

※YouTubeへの抹消請求については、基本編4、9、10、52の具体的事例も参照してください。

第2編 応用編

課題4 不当要求行為に対する行政の対応

事案

私は、A市上下水道部上水道課の職員です。当市は山間部にあるため、水道工事については凍結防止等の処置が必要です。工事の仕様については、他の市町村より厳格な基準を設け、完了検査も厳格に行っています。某B地区において、水道業者X工務店が行った工事について検査をしたところ、当市職員Wは、仕様と異なる工事がされていることを発見しましたので、その旨をX工務店の現場監督に指摘しました。

その後、本日X工務店社長Xさんが、市役所上水道課窓口に押しかけ「現場監督に文句を付けた奴は誰だ」「うちの従業員をアホ呼ばわりするな」と怒鳴り、たまたま市役所にいた当該工事担当職員Wの頭を、ヘルメットで殴り、カウンターの上にある書類を私たち職員にめがけて投げつけました。

Q

① 来月入札予定の水道工事がありますが、X工務店にも入札参加の通知を送るべきなのでしょうか。市長・副市長・部長からは「そんなもの送らなくてもよい」と言っています。それでよいのでしょうか。

② X工務店社長Xさんは、「某B地区水道工事仕様書は厳格すぎて不公平で、当社イジメは市役所の陰謀だ」「イジメは被害を主張している限りイジメである。イジメではない証明をしろ」と主張しています。どうしたらよいのでしょうか。イジメではないという証明はしなくてはならないのでしょうか。また、イジメではない証明はどのようにするのでしょうか。

③ X工務店社長Xさんは、某B地区水道工事仕様書について情報公開請求をしてきました。同文書は、当市において情報公開請求の対象ですが、上記行為から開示したくありません。どうしたらよいのでしょうか。しかもX工務店社長Xさんは毎年10回以上他の水道工事仕様書について情報公開請求をする他、A市の公共工事すべての仕様書の積算基準・技術根拠、各公共工事との単価比率等についても情報公開請求を求めています。Xさんは「文書の内容なんてどうでもよい」「怒らしたら開示請

課題4 不当要求行為に対する行政の対応

求し、開示しなければ裁判だ。おまえら昇進できないぞ」と発言しています。Xさんは何を考えているのでしょうか。

④ 当市の調査によれば、当市職員WがX工務店・某B地区水道工事検査時、同工務店現場監督に対して「仕様と違うやんか！アホとちゃうか。図面も読めん○○」と言った事実が判明しました。Xさんによれば、同現場監督の親族に目の不自由な方がいらっしゃるとのことです。Xさん及び現場監督は、非常に憤慨しています。職員Wの言動により、本事件はどのように解決すればよいのでしょうか。市として責任を問われることはありませんか。

⑤ 職員W個人に対して、市としてどのように対応すればよいのでしょうか。

以上の質問について回答をお願いします。

X工務店は形式上株式会社ですが、社長Xさんが100パーセント株式を保有し、いわゆる個人会社です。X工務店＝Xさんです。

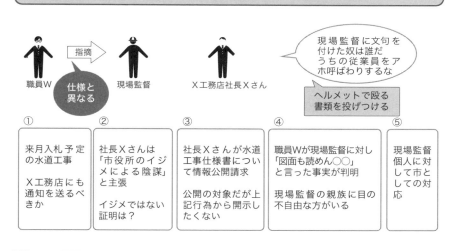

■解説

1 不当要求行為と公共工事請負契約について

「X工務店社長Xさんが、市役所に押しかけ職員Wの頭を、ヘルメットで殴り、カウンターの上にある書類を職員にめがけて投げつけた」行為は明らかに刑法上の威力業務妨害、暴行に該当します。「不当要求行為」そのものです。

第2編　応用編

　Xさんの不当要求行為についての予防を含めた対策として「X工務店にも入札参加の通知を送らないこと」は正当か否か検討しなくてはなりません。

　設問からは市に対してXさんは、工事仕様書の内容等、工事の指示監督検査について、不満を有し、その不満が事例の事件となっていると推認できます。確かに市長・副市長・部長として、職員に対する暴行事件について何らの対応をすべきであるとの心情は理解できなくもないのですが、公共工事について入札参加資格、入札の通知、入札、落札、契約に対する過程・手続については法令に違反しない対応が必須です。

　そもそも公共工事については、その費用が税金でまかなわれるとともに、その多くが経済活動や国民生活の基盤となる社会資本の整備を行うものであり、その入札及び契約に関していやしくも国民の疑念をもたれることがないようにするとともに、適正な施工を確保し、良質な社会資本の整備が効率的に推進されることが求められます。公共工事の受注者の選定や工事の施工に関して不正行為が行われれば、国民の信頼が大きく揺らぐとともに、不良・不適格業者が介在し、公共工事を請け負う業者の健全な発達にも悪影響を与えかねません。

　本件のような水道工事という専門性を有する事業については、指名競争入札が行われていますが、指名競争入札については、信頼できる受注者を選定できること、一般競争入札に比べ監督に係る事務について簡素化できること、手続が簡易であり、早期に契約ができることの利点がありますが、指名が恣意的に行われた場合の弊害も大きいことから、指名に関する手続の透明性を高め、公正な競争を促進する必要があることから、指名基準を策定し、これを公表した上で適切に指名を行うことが必要です（地方自治法施行令167条の11第2項）。予め指名停止の措置をとる場合の基準や手続を定めることも必要です。

　入札及び契約の適正化に配慮すべき事項としては、不良・不適格業者の排除が必要になります。不良・不適格業者を放置することは、適正かつ公正な競争を妨げ、公共工事の品質確保、適正な費用による施工等の支障になるだけではなく、技術力・経営力を向上させようとする優良業者の育成の妨げとなります（公共工事の入札及び適正化をはかるための措置に関する指針の一部変更について）。

　「水道業者X工務店が行った工事について検査をしたところ、当市職員Wは、仕様と異なる工事がされている」、「ヘルメットで殴り、カウンターの上にある

課題4　不当要求行為に対する行政の対応

書類を私たち職員にめがけて投げつけました」前記事実をどのように評価するか、そしてどのように法的に対応するかが課題です。

仕様について、「水道業者X工務店が行った工事について検査をしたところ、当市職員Wは、仕様と異なる工事がされている」との評価の前提として「某B地区水道工事仕様書は厳格すぎて不公平」か否かを検討します。公共工事について私法上の「契約」の性質を有し、どのような仕様の発注をなすかは、発注者の裁量です。工事業者Xさんは契約当事者として仕様内容の工事を契約上なさなくてはならず、なさないことは契約違反であり債務不履行の責任を問われます。さらにこのような仕様書を履行しない業者は不適切業者として排除しなくてはなりません。

X工務店の主張する「某B地区水道工事仕様書は厳格すぎて不公平で、当社イジメの市役所の陰謀だ」「イジメは被害を主張している限りイジメである。イジメではない証明をしろ」は、全く法的に理由がなく、特定のX工務店排除の工事基準であることを主張立証しないかぎり、損害賠償の対象ともならず、また仕様書自体の仕様要件は契約締結の要件であることから、行政処分でもなく取り消しの対象ともなりません（参考として、契約担当者が自ら策定した指名基準に反し、あるいは重大な手続違反により、特定の業者を排除し偏重するような場合には特段の事情がない限り、裁量権の逸脱又は濫用にならないとした宮崎地裁都城支部平成10年1月28日判決・判例時報1661号123頁があります。同裁判例の結論には後述のとおり問題があります）。

しかしながら、公共工事については「地方公共団体が締結する公共工事等契約に関する入札について機会均等、公正性、透明性、経済性を地方自治法等の法令は確保しようとしている」（最高裁（1小）平成18年10月26日判決・判例地方自治294号21頁）との要請を踏まえ、何ができるかを検討しなくてはならず、単純に不当要求行為、行政対象暴力と判断して、水道業者X工務店を出入り禁止排除とはなりません。

まずもって公共工事契約上の責任追及が必要です。そもそも税金にてその費用がまかなわれ、水道という公共性の高い社会資本の整備を行う契約である以上、市は約款に基づき仕様に従った工事の履行を求め、契約に違反し工期内に当該工事が完成しない場合、契約の目的を達しない場合は発注者として契約を

解除し違約金の請求を受注者にすべきです（公共工事標準請負約款45条（履行遅滞の場合における損害金等）・47条（発注者の解除権））。さらに受注者Ｘ工務店は検査に合格しない限り請負代金の請求はできません（同約款32条）。また、仕様書に従わない工事は検査不合格となります。

　このように、本設問の場合Ａ市においては、契約上の義務の履行をＸ工務店に求めるべきです。

　刑事的には、暴行、威力業務妨害、公務執行妨害の罪名にて、告訴告発手続をなすべきです。

　他方、今後の行政措置としては公共工事の発注に関しては、指名停止の措置を講じる手続をなすべきです。停止の理由としては「仕様書どおりの工事を施工しない」「業務に関して不正又は不誠実な行為をし、工事等の請負契約の相手方として不適当」が適切です（参考として、指名停止を受けた事業者が、その措置に不服があるとして発注者と争う方法としては、国家賠償請求訴訟と指名停止を「処分」とみた指名停止の取消訴訟が考えられます。国家賠償請求訴訟については「契約担当者が裁量権を逸脱し、濫用し指名競争入札に参加しようとする業者に損害を与えた場合には国家賠償法1条1項の違法性が認められる場合がある」との裁判例があり、他方、指名停止についての処分性については契約の準備的行為性質を有します。契約の相手方となることを希望する者が当然契約を締結する権利や指名競争入札に参加する権利を有しているとは言えません。指名停止が優越的な意思の発動として行われるのではない、等の理由により「処分性」を否定しています。）。

　結論としては、契約は契約、被害は被害、行政的な要請は要請と個別に判断することが必要です。

　Ａ市の「入札参加の通知、そんなもの送らなくてもよい」との判断は適正か否か判断しなくてはなりません。本件はいわゆる「指名回避」の問題です。本件においてＸ工務店に対して入札参加の通知を送らない場合、Ｘ工務店は自社が回避されたことがわからず、いつまでも指名を待ち続けなくてはならず、期限の明らかな指名停止以上に深刻な打撃を受けることになります。

　裁判例においては、町長選挙で町長を応援しなかった業者に指名回避がなされ、町の指名業者の選定に批判的な文書を町会議員などに業者が配布した事実、

固定資産税が滞納されている事実、理由として指名回避することは違法であると判断された事例（青森地裁平成22年4月16日判決・判例時報2086号102頁）、公共工事請負契約について業者が発注者に対して審査会における紛争解決手続を回避して請負代金請求訴訟を提起した事実をもって指名回避をなした事は違法であると判断した事例（高松高裁平成12年9月28日判決・判例時報1751号81頁）があります。他方、業者及びその代表者がしばしば町民税・固定資産税を滞納し、代表者が発注者の町の職員に対して脅迫的な言辞により指名を要求し、この要求に応じれば業者の強要により指名を行ったと町の見識が疑われかねないと判断し、裁量権の踰越または濫用を否定した事例（前掲宮崎地裁都城支部平成10年1月28日判決）があります。しかしながら、違法性を認めた裁判例は多く（津地裁平成14年7月25日判決・判例タイムズ1145号133頁、福岡高裁平成17年7月26日判決・判例タイムズ1210号120頁、仙台高裁平成19年10月31日判決・判例タイムズ1272号133頁）。本件においては、A市の「入札参加の通知は送らなくてもよい」の判断は、公共工事契約の入札に関して機会均等、公正性、透明性、経済性の確保から作為的に指名回避をすることは許されず、これらの行為がなされた時は違法性を有すると判断されるべきです。令和元年に改正された「改正適正化指針」においては「未だ指名停止要件に該当していないにもかかわらず指名停止要件に該当する疑いがあるのみをもって事実上の指名回避を行わない」と規定しています。

　なお、裁判例は損害の算定として、民事訴訟法248条により、指名を受けなかった期間発注者が指名競争入札により発注した額に、業者の実績を考慮した受注率（推定受注率）を乗じ、業者の経営や財務の状況を考慮した利益率（推定利益率）を乗じて算定するのが相当であると判示しています（前記青森地裁平成22年4月16日判決・津地裁平成14年7月25日判決）。

　さらに、当然ながら、発注者（市）が業者に対して損害賠償を支払った場合、裁量権の踰越または濫用を行ったとして当該地方公共団体の長は地方公共団体について、同額の損害賠償責任を負うことに留意しなくてはなりません（熊本地裁平成24年10月26日判決・判例時報2241号84頁）。

　A市市長らの「入札参加の通知は送らなくてもよい」との判断は適正ではなく「入札参加通知は送付すべき」との結論になります。

第2編 応 用 編

2　情報公開請求の濫用にあたるか

　設問③の発言について、どのように対応すればよいのでしょうか。

　行政機関の保有する情報の公開に関する法律（「情報公開法」以下同じ。）は、憲法上の「国民の知る権利」を保障し、開かれた行政こそ、民主主義の発展と国民主権を実現するものとして重要な法令であることは否定できない。情報公開による開示請求の対象事項については、広く認められるべきです。

　しかしながら、開示請求が「知る権利」の実現、開かれた行政の実現に寄与しているとは到底言えない事例が、各地方公共団体ほか行政機関で生じている事実があります。例えば当該開示請求に対応するためには職員複数名を専従作業員として勤務時間すべてに対応しなくてはならず、同作業を同じ作業効率ですすめたとしても数か月を要し、本来の業務に著しい支障をきたすのみならず、他の情報公開請求に対応する余裕がなくなるような場合です。

　情報公開法においては、開示請求が権利の濫用と認められる場合についての明文の規定はなく、権利の濫用と認められる場合か否か一般法理に委ねられています。総務省で定める情報公開法に基づく処分に係る審査基準においては、開示請求が権利濫用にあたる場合には、開示しない旨の決定をすることができます。権利濫用にあたるか否かの判断は「開示請求の態様、開示請求に応じた場合の行政機関への業務の支障及び国民一般の被る不利益等を勘案し、社会通念上妥当とされる範囲を超えるものか否か個別的に判断して行い、行政機関の事務を混乱または停止させることを目的とする等、開始請求権の本来の目的を著しく逸脱する開示請求は権利の濫用にあたる」とされています。

　各都道府県の情報公開条例については、情報公開法と同様に、開示請求に係る行政文書に不公開情報が記載されている場合を除いて、行政文書を開示しなくてはならないと規定されています。なお一部の都道府県情報公開条例について開示請求権の濫用に関する制限規定や、適正な開示請求に関する規定等、開示請求者の責務に関する規定を設けています。開示請求権の濫用と認められる場合の具体例を分類すると以下のような類型化になります。

①　行政の停滞を目的とした請求と認められる場合
　(a)　開示請求するだけで閲覧しないなどの行為が繰り返される場合（愛知県、三重県、群馬県、福井県）

ⓘ写しの交付を請求するだけで交付を受けない行為を繰り返す、ⓘⓘ開示請求するだけで一部しか閲覧しない、ⓘⓘⓘ開示請求にかかる実費を支払わない、ⓘⓥ開示請求の変更等から濫用的に繰り返される
　(b)　同種の文書を繰り返し請求（愛知県、三重県）
　(c)　「文書の内容はどうでもよい」「怒らしたらどうなるか、裁判覚悟しろ。情報の隠蔽で国賠だ」といった請求者の発言等から、情報公開請求の目的や動機が文書開示以外にある（愛知県）
② 大量請求である場合
　(a)　超大量請求である場合
　　ⓘ特定部局の保有するすべての行政文書にかかる開示請求（愛知県、三重県、千葉県、静岡県）、ⓘⓘ特定はされているものの、その量が膨大で、担当者がその担当業務を行いながら、すべての文書について諾否の決定をするには1年以上かかる請求（愛知県）
　(b)　請求対象文書が実質的に特定されない大量請求
　　　請求内容が文言から形式的、外形的に一応明確であるものの、特定の担当者等の多種多様な公文書のすべてを求め、実質的に特定がなされていない（三重県）
③ 開示請求によって得た情報を不適正に使用するおそれがあると明らかに認められる場合
　(a)　開示によって得た情報をもとに違法又は不当な行為を行うこと
　(b)　特定の個人を誹謗、中傷、又は威圧することを目的とするなどあきらかに害意が認められる場合
　(c)　過去の開示請求により得た情報を不適正に使用して第三者の権利利益を不当に侵害した事実が認められる場合であって、同請求者からの同種の内容の請求がなされ、不適正な使用が繰り返されることが明らかに認められる場合
　(d)　開示請求により得られた情報を不適正に使用し、または使用するおそれがあると認められる場合において、実施機関が当該情報の使用者に対して、その情報の使用の中止を求めたにも関わらず、なお不適正な使用を繰り返すなどした者があらためて開示請求をした場合

第2編 応用編

（参考）
- 愛知県権利の濫用にあたる開示請求に対する取扱内規（平成17年3月1日県民生活部長通知）
- 三重県情報公開条例の解釈及び運用
- 大阪府情報公開条例運用解釈基準
- 裁判例（濫用を認めた事例）
- 横浜地裁平成14年10月23日判決・公刊物未登載（公開請求の全部を同時に認めなければ公文書取得目的が達成できないとはいえない）
- 東京高裁平成23年11月30日判決・訟務月報58巻12号4115頁（包括的な大量請求不特定通常の業務に著しい支障を生じさせる）
- 名古屋地裁平成25年3月28日判決・判例地方自治388号41頁（控訴審名古屋高裁平成28年10月30日判決・判例地方自治388号36頁）（極めて大量の行政文書を対象とする膨大な開示請求が一人の開示請求者によって行われること自体、情報公開条例や個人情報保護条例が想定している開示請求とはおおよそかけ離れた利用形態である。開示請求制度の維持・運営そのものをあやうくするものである。）

上記、名古屋地裁の事案は裁判所が認定した事実から、平成17年度から平成22年度まで、原告（控訴人）が行政庁に行った開示請求は平成17年度7件、平成18年度22件、平成19年度217件、平成20年度88件、平成21年度413件、平成22年度575件にも及んでいます。情報公開請求濫用事案としてはぜひとも参考にしてください。

- 文献情報公開請求権の濫用とその対処（星野豊　筑波大学2017年）

設問③の「X工務店社長Xさんは、某B地区水道工事仕様書について情報公開請求をしてきました。同文書は、当市において情報公開請求の対象ですが、上記行為から開示したくない」（事案1）と「X工務店社長Xさんは毎年10回以上他の水道工事仕様書について情報公開請求をする他、A市の公共工事すべての仕様書の積算基準・技術根拠、各公共工事との単価比率等についても情報公開請求を求めている」、Xさんは「文書の内容なんてどうでもよい」「怒らしたら開示請求し、開示しなければ裁判だ。おまえら昇進できないぞ」（事案2）については、区別して論じなくてはなりません。

上記情報公開請求の趣旨から事案1については情報公開すべきです（さいたま地裁平成19年10月31日判決・裁判所ウェブサイト参照）。

事案2については「A市の公共工事すべての仕様書の積算基準・技術根拠、各公共工事との単価比率等」は特定性の他大量の書面と膨大な時間を要するお

課題4 不当要求行為に対する行政の対応

それがあること、開示請求の目的が請求者の発言等から、情報公開請求の目的や動機が文書開示以外にあると判断しうる事案であり、権利濫用の可能性が高い事案であるから、不開示とする決定もありうるとしたものです（参考記載の裁判例等参照）。

　Ｘさんの情報公開請求の目的は単に行政事務の混乱をもたらすためという濫用的目的のみならず、開示された情報に基づき、監査請求、訴訟提起までなされる可能性があることを考えなくてはなりません（住民監査請求〔地方自治法242条〕）。各地方公共団体における情報公開請求の「マニア」といわれる人物について、多量の情報公開請求をなすだけではなく、開示された情報に基づき監査請求、訴訟を提起する例が多々あります。担当者として困惑する事案ですが、なぜ「マニア」は繰り返し、情報開示請求をするのでしょうか。情報開示請求により開示された情報を監査請求するための証拠・主張としてそろえ、そして監査請求書を策定提出します。請求人による陳述、関係各局への書類審査、事情聴取を監査委員は監査として行わなくてはならず、担当部局としてはかなりの負担になります。ここに「マニア」においてクレーマー的要素が見いだされることもあります（監査請求は議会・長へ通知される）。すなわち職員の苦痛と、そして自己の地方公共団体及びその職員に対する優越性の確認と自己顕示です。そのクレーマー的要素は監査請求が「理由なし」と決定された後も、監査請求に監査の結果等に不服がある場合には住民訴訟を提起する場合があります。「地方公共団体の執行機関における財務会計上の違法な行為または怠る事実がある」として訴えを提起します。本件の場合、Ｘさんは公共工事契約についても、請負代金の積算等について市長ほか市の担当者が不正又は不適切に高額な積算を行い、当該地方公共団体に損害を与えたとして、市に対して損害を市長以下が賠償するように求める訴訟を提起することが予想されます（地方自治法242条以下の条文参照）。確かに市を訴えればマスコミも注目し、不当な権力と闘っているとして世間から注目され、自己顕示欲の塊としては面目躍如かもしれませんが、地方公共団体としては裁判を起こす権利が憲法上補償されていることから、この訴訟を阻止することは不可能であり、「住民に対する説明責任」を全うするという地方自治法第10節住民による監査請求及び訴訟の項の精神に則り、被告として粛々として原告たるＸさんの主張に対して反論

しなくてはならないのです。この場合、正当な積算であるとの主張立証は「住民に対する責任」として市にあると考えるべきです（仕様書特記事項が合理的であることは争点となる）。訴訟の担当者として、専門性のある事案であることから多大の労力を要し苦労するところですが、訴訟当事者として原告がXさんであろうがなかろうが、「住民に対する説明責任」という行政の信頼を得る旨を要として、積極的に主張立証を行い早期に裁判を終結させる努力が必要です。そのためには公共工事契約について公正性を確保し住民の信頼を得るため、普段より契約締結、積算、入札通知、落札、完了検査等全ての場面において緊張のある対応をしなくてはならないのです。

3　不適切な対応。市民の信頼から考える

　設問④については、状況から、X工務店の現場監督員の親族に向けての言動ではなく、当該現場監督員に対して名誉感情を毀損するものではないことから、不法行為による損害賠償請求が、X工務店の現場監督員並びにその親族に認められる事案ではありませんが、本件のような市の担当者とX工務店の確執が生じ、仕様書に違反する工事がされた場合、市の担当者としては感情的になることは可能性として否定できないことです。

　しかしながら、本件は受注者であるX工務店の契約履行行為の問題であり、監督員個人の問題ではありません。公正な職務を行う責任は市の担当者にあり、パワハラ・セクハラが社会的に問題視されている状況では、市の職員としてはその言動について公務員の品位ひいては市の行政の公正性と市の行政への市民の信頼を確保するためにも注意しなくてはならず、特に障害の問題について留意すべきです。担当者・市は誠意をもって不愉快な思いを監督員にさせたことについて謝罪すべき案件であり、何もしないことは愚策であり、市民の信頼を失うこととなります。市の職員の言動すべては市民全体が見ていると考え、その行動はすべての市民の信頼を得るためと考えなくてはならないのです。

課題5 用地買収・公共用地の取得

事案

私はＸ市土木部道路建設課に勤務しています。当市東部にあります〇〇町△△－×の土地（以下「本件土地」と言います。）は、都市計画道路事業甲乙線の事業区域となっています。本件土地上には所有者Ｙさんが木造二階建ての建物（以下「本件建物」と言います）を建て、喫茶店を営んでいます。

本件土地については、令和3年12月28日売買契約が締結され（代金5000万円・代金支払済・令和4年1月31日付Ｘ市に対して所有権移転登記）、同時に物件移転補償契約（対価2000万円）が締結されています。移転補償契約における本件建物の移転時期は令和4年7月31日となっています。

ところが、Ｙさんは令和4年7月31日を過ぎても、本件建物を収去し、本件土地を明渡しません。周辺はすでに道路工事がほぼ終了し、現在道路の真ん中に家一軒が建っている状況です。

Q
① Ｙさんは当市宛、「建物の補償が安い、100万円でも10万円でもいいから上乗せして払え、支払わないとどかない」と言ってきました。
② 「お前ら、市役所の職員の態度が悪いから、気が変わった」「課長、部長でもいい、謝罪文を書け」と毎日市役所に押しかけて来ています。
③ 「どけられるものならどけてみろ。喫茶店は第三者に譲渡してやる。二階はホームレスに住まわせて、市役所にとことん抵抗してやる。市民から文句言われるのは市役所の連中だ」
④ 「代替地として、市役所の隣接地を購入してオレに渡せ」と主張しています。どのように解決したらよいでしょうか。
さらに、
⑤ 前任契約担当の建設課の職員Ｍが、8月1日Ｙさんから「市役所の同僚を助ける賢い選択だ。50万円持ってくれば、9月1日は明渡してやる。50万円支払え」と要求され、50万円を現金で支払いました。
市として、どのように対応すべきでしょうか。

第2編 応用編

① 建物の補償が安い上乗せして払え

② 職員の態度が悪いから気が変わった謝罪文を書け

③ 市役所にとことん抵抗してやる。市民から文句言われるのは市役所の連中だ

④ 代替地として、市役所の隣接地を購入してオレに渡せ

⑤ 私の前任の建設課の職員Mが「令和4年末までに退去していただければ、代替地と金100万円お支払いします。X市職員M」との念書を書いていたことが判明。

⑤の場合
前任の建設課の職員Mが、8月1日Yから「市役所の同僚を助ける賢い選択だ。50万円持ってくれば、9月1日は明渡してやる。50万円支払え」
と要求され、50万円現金で支払いました。
市として、どのように対応すべきでしょうか。

所有者Yさん

■ 解説

1 本件土地についての対応

（1） 本件土地については、市に対して所有権移転登記がなされています。この場合Yさんの土地ではないことから、収用裁決の申立はできません。

問題点を指摘すると、X市所有Y所有建物について、本件土地に対する権限なきYさんの占有として、建物収去土地明渡の訴訟を提起し、判決を得て建物を収去します。土地所有権取得後から建物収去明渡に至るまでの賃料相当損害金の支払いを求める裁判手続を行います。問題は判決確定まで、長期間かかることです。通常地方公共団体が原告となる給付訴訟・損害賠償請求訴訟について、一審判決では仮執行宣言が附されません。債権の回収に至るまで長期間を要します。令和4年8月に出された司法統計からは通常裁判の第一審の平均審理期間は10.5か月、そのうち争い双方の当事者が最後まで争って判決になった場合では14.6か月との記載があります。さらに、一審判決を不服として控訴、上告の申立がなされると判決確定まで長期間を要し、強制執行の申立の際も受権決定の申立、決定、執行、そして現実に建物を取り壊すことになるまで、かなりの期間を要します。

建物の所有者はYさんであることから、Yさんは建物所有名義が変更される可能性があり、さらに建物の所有者Yさんは第三者に建物を使用させる可能性も高くなります。

本件の場合、土地の占有の変更の可能性、建物の占有者の変更の可能性は、YさんのX市に対する対応から十分存在することになります。

(2)　本件の場合、X市に何が課題か検討すると、「①都市計画道路事業甲乙線の事業区域である事実、②周辺はすでに道路工事がほぼ終了し、現在道路の真ん中に家一軒が建っている状況、③明渡期限である令和4年7月31日を過ぎても、本件建物を収去し、本件土地を明渡されていない事実」であることがわかります。

　都市計画道路事業甲乙線の事業については、事業完成年度は何時か、そして本件の場合、土地代金の支払いは令和4年1月31日、建物収去明渡の期限は同年7月31日です。この状況下では都市計画道路事業甲乙線の事業については令和4年度予算において道路開設並びに道路完成についての予算措置はすでに講じられている状況であると判断できます。X市としては令和4年度以内に当該道路工事を完成しなくてはならないという、議会への責任、何よりも、予算措置そのものが税金によりまかなわれることから市民住民への説明責任も生じてきます（本件X市は都市計画法63条1項の規定により都市計画事業の変更事業施工期間の変更を県に求め認可されています。終期は令和5年3月31日まで。）。

(3)　Yさんの目的は何か、X市とYさんとの契約の時期、内容について検討しなくてはなりません。令和3年12月28日売買契約は締結されています（代金5000万円・代金支払済・令和4年1月31日付X市に対して所有権移転登記）。他方、当該都市計画事業について終期は令和5年3月31日までとなっており、契約時点において、X市とYさんにおいて交渉決裂となった場合、収用裁決の申立は時期的に難しい時期に達し、X市の担当者としては内心安堵したと考えられます（この事実が重要です）。他方、土地ついては令和4年1月31日所有権移転登記がX市に対してなされ、明渡期限も令和4年7月31日と定められていることから、施工期間の終期は令和5年3月31日であり、8か月以内に建物が収去され施工を終了させなくてはならず、しかも収用手続はとりえません。さらには7月31日という時期も支払いのための予算措置がとられていることはもちろん、明渡を前提に都市計画道路事業甲乙線の事業については令和4年度予算においては道路施工のための予算が上程されています。予算が執行されない場合、当該担当の部署としては議会に対する説明はもちろん、当該事業についての契約等の業務について、妥当適切であったかが検討されなくてはならない状況にあり、明渡期限にYさんが明渡さない場合、X市の用地収用の

担当職員としては「なんとかしたい」「明渡してください」という心理状態になります。まさに天国から地獄であり、この状況にX市職員が陥ることこそYさんの目的であると考えます。Yさんにおいては契約時期等については上記の期限等の時期について調査し計算していると判断することが妥当であり、目的達成のためのクレーマーの情報収集能力と知的レベルを低く評価してはならないのです。

　YさんとしてはこのQ心理的優位の立場をいかし、X市職員の苦痛を喜びとする精神的欲望と財産的欲望をかなえようとします。クレーマーとしての典型的心理であり、他方X市職員としてはYさんの意向に従い、なんとか契約の目的（明渡）を実現しようとする従属関係に陥ります。こうしてYさんは無理難題をX市職員に対して要求するのです。

　「建物の補償が安い、上乗せして払え」との補償金額の増額、「謝罪文の要求」「代替地の要求」これら全てが不当要求です。さらには「前任の建設課の職員Mが、8月1日Yさんから「市役所の同僚を助ける賢い選択だ。50万円持ってくれば、9月1日は明渡してやる。50万円支払え」との要求」についても、この心理的優位を利用していると判断できます。

　(4)　要求に応じることは妥当か、また交渉をなすことは妥当かを検討しなくてはなりません。

　本件においては、すでに土地売買契約、物件移転補償契約が締結され、XY双方が契約条項に従い履行するのみです。損失補償については、建物補償・工作物補償・立木補償・動産補償・移転雑費補償・営業補償等網羅的に項目が規定され、しかもその補償内容については補償積算基準により算定されています。変更の余地はなく、建物補償の上乗せはありえず、かつ代替地の要求に応ずる必要もありません。もし応じた場合、詐欺罪（刑法246条）、背任罪（刑法247条）の嫌疑が生じます（後述参考事件）。特に代替地については公正な売買ではない疑いは絶えず住民側から提示される事案です。要求に応じることはできないし、応じてはなりません。交渉すら不要です。

〈参考文献〉
大久保幸雄「増補新訂版　公共用地の取得に伴う損失補償基準の考え方327問（大成

出版社、2021年）
公共用地補償研究会編集「増補版　損失補償関係裁決例集」（大成出版社、2010年）
西埜章＝田辺愛壹「損失補償の理論と実務」（プログレス、2005年）

〈参考事件〉
・2009年9月13日新聞記事より
　建設省（現国土交通省）の直轄事業である国道161号線志賀バイパスの用地買収に関して、不正事案の疑いがもたれていることで滋賀県警は滋賀国道工事事務所で、以前に用地買収を担当していた同省職員を有印公文書作成と行使、詐欺の疑いで逮捕した。担当職員は志賀バイパスの用地買収にからみ、地権者に架空の建物の立ち退き費用として1100万円を渡し補償金を上乗せした疑い。担当職員は実刑判決。
・2003年3月28日新聞記事より
　北海道穂別町の道路拡張工事の建物移転補償費交渉において、道庁の補償担当職員が政治団体幹部から脅かされ、架空の建物が存在するとして、移転補償調書を作成し、土地開発公社から約2600万円支払わせた事件について、札幌地裁は、2003年3月27日詐欺罪等で懲役1年の実刑判決を言い渡した。

2　要求に応じる心理

　設問事例⑤について、「仮に職員による支払いがあった」としてもYさんの行為は不当要求行為であるという評価は変わりません。そもそも職員Mが要求に応じる心理については、M自身の自分に関わる思い込みについて検討しなくてはなりません。契約担当職員としてYさんとの契約は長期間の交渉の結果であり、Mとしては大きな成果であると思い込んでしまい、それにより自己の価値観を高めこれを否定することは大変難しくなってきます。ここにYさんがつけ込む心理状態があると考えます。契約の履行ができないことは自分自身へのマイナス評価となり、勝負に負けたくないという心理状態により、自分でこの局面において思考能力が減殺し、自分が信じている、契約の履行ができるということを否定する情報を否定してしまいます。MはひたすらYさんの意向に従い契約の履行・明渡の可能性を希求することになってしまうのです（「私たちは思い込みから逃げられない」鈴木敏明著　総合法令出版参照）。
　この状況から離脱するためには「報告・連絡・相談」です。自己の考えが正

当である、また妥当であるかは一人で考えるのではなく、組織的対応と専門家による助言が必要です。

そして、真の問題解決のためには、本件の場合、解決することが必要な「目標」を決めることが必要となります。

3 解決の方法――民事保全法の活用

(1) 本件において、Yさんの要求を阻止し、公正で公平な行政を実現するためには、本件土地の明渡、すなわち建物収去を早急に行い、当該道路建設完成の予算年度に工事を完了し、道路として供用できるようにし、Yさんの目的を砕くことです。

(2) 訴訟提起については、地方自治法96条1項12号の規定により議会の議決を求めることが必要です。議会の議決を得るためには議会提出のため、事前（自治体によっては議会開催日の2週間程度前）に議案書の作成を行い、議会事務局で議会の承認を得る必要があります。そして議決書については議会閉会日の翌日か翌々日にしか交付されません。議会は通例年度4回開催されますが時期については自治体によっては微妙に異なりますが、概ね6月、9月、11月（または12月）、2月（または3月）です。8月1日にYさんから「市役所の同僚を助ける賢い選択だ。50万円持ってくれば、9月1日には明渡してやる。50万円支払え」との要求は極めて巧妙な手口です。職員としては9月1日に明渡を期待するでしょう。当然訴訟提起のための議案書の作成は後回しになります。もし9月1日に明渡が履行されなければ次回11、12月議会まで訴え、提起のための議案提出は遅れます。元々通常訴訟の民事裁判では確定まで明渡は当然できません。Yさんの目論見はここにあり、市と職員は議会との関係や住民との関係で困難に陥ることになります。

(3) 民事保全法は、平成元年12月15日に可決成立（同年法律第91号）したものです。民事保全には民事訴訟の本案の権利の実現を保全するため仮差押え及び係争物に関する仮処分と本案の権利関係について、仮の地位を定める仮処分があり、民事保全の手続は、保全命令に関する手続と保全執行に関する手続とに分かれ、保全命令に関する手続には不服申立手続である保全異議、保全取消、保全抗告及び即時抗告を含め、すべて決定手続になされ審理及び裁判の迅

課題5　用地買収・公共用地の取得

速化、柔軟化がはかられています。保全執行については、執行文の原則不要、執行期間の制限等の特色があり、原則として民事執行法の強制執行に関する規定が準用されています。

(4) 具体的対応—事案の解決

　周辺はすでに道路工事がほぼ終了し、現在道路の真ん中に家一軒が建っている状況です。建物を取り壊し、土地の明渡を完了し、道路工事を開始、道路として翌年3月31日までに供用できるような法的手段をとることが必要です。前記民事保全法の手続により、建物収去・土地明渡が可能であるか検討する、仮処分の申立については首長の専決で可能であり、議会の承認は不要です。問題は「そもそも建物を収去して土地を明渡せ」との仮処分決定が裁判所により認められるか。また仮処分の申立、決定に至るまでどのような主張、立証をなせばよいかです。そして具体的に執行に至るまでにどのような手続が必要かですが、結論から言えば、全て仮処分申立の段階で、執行に至るまでの事前の準備を行わなくてはなりません。手続の流れを概略すれば、①裁判所に対する仮処分の申立、相手方（債務者）に対する申立書、疎明資料等書面の送付、②相手方（債務者）からの答弁書提出、③審尋、④担保の告知、納付、⑤決定、⑥決定の送達、⑦建物収去命令申立書（申立の趣旨・債権者の申立を受けた執行官は、別紙目録記載の建物を債務者の費用を持って収去することができる）、⑧代替執行費用支払いの申立（申立の趣旨・債務者は、あらかじめ債権者に対して、別紙目録の建物を収去するための費用として金〇〇〇万円を支払え）、⑨授権及び費用支払い決定（1　債権者の申立を受けた執行官は、別紙物件目録記載の建物を債務者の費用で収去することができる。2　債務者は、あらかじめ債権者に対して、別紙物件目録記載の建物を収去するための費用として金〇〇〇万円を支払え）、⑩強制執行申立、⑪執行、となります。

　⑧については、取壊費用の見積をあらかじめ作成しなくてはならず、また⑩強制執行の申立時においては建物内の動産類の保管場所についてもあらかじめ準備しなくてはなりません。このような準備作業を行い、仮処分の申立をします。仮処分については、そもそも本案訴訟判決の執行を全うする保全の趣旨ですから、本案訴訟を念頭に置いて、主張立証し、なおかつ本案訴訟判決確定まで債権者（本件ではX市）の損失が大きいことの事実を主張、立証しなくては

なりません。その事実とは現在において、道路が開削されないことによる「市民、住民」の回復しがたい多大な不利益です。

単なる予算執行という行政の事情、便利・不便の問題ではなく、多くの住民にとって交通事故の防止、緊急搬送の短縮化等、生命・身体にかかわる重大な利益を侵害する危険性を主張立証しなくてはならず、そのためには本件土地周辺の幼稚園・保育園・小学校・中学校等の教育機関の配置図、通学路の記載、周辺の医療機関の配置図と緊急搬送における障害事由と緊急搬送の頻度、道路開削による緊急搬送の短縮の効果等を図面によりかつ想定の時間短縮の効果を明記した証拠を提出する必要があります。

行政は究極的には住民の利益を確保するためにあるとの視点を決して忘れてはなりません。

また、本案訴訟の準備もほぼ仮処分申立時に行い、裁判所に対して議会の承認を得る準備がなされている旨の説明が必要です。行政としては法軽視や議会軽視の意図はなく、あくまでも緊急の措置であるための説明責任が存在するからです。

(5) **決　定**

債務者は債権者に対して、この決定送達の日から10日以内に別紙物件目録記載2の建物を収去して、同目録1の土地を仮に明渡すことになります。

担保の金額、土地売買及び物件移転補償金額の合計額の50パーセントです。

(6) 　その後契約規則に従い、延滞金を請求するとともに、取壊費用の相殺通知を行いました。

設問事例⑤の「市役所の同僚を助ける賢い選択だ。50万円持ってくれば、9月1日は明渡してやる。50万円支払え」との要求について、職員が応じた場合の対応、刑事事件的には強要罪を検討するほか、民事的には、支払いたくて支払っているのではないことから心裡留保（民法93条）、詐欺又は脅迫（同96条）、当該職員はYさんに対して返還請求をなすべきです。なお、職員Mには、個人的職務に関して事件関係者に対して金品を交付したものであり、職員としての職務の公正性を著しく疑われる行為をなしたものとして倫理違反としての責任を問うべきです。

課題6 学校用地管理

事案

私は、W市教育委員会事務局学校用地課に勤務しています。

本日当庁に不動産業者Xさんが来庁し、「Z地区にあるZ小学校敷地内に自分の土地がある。市は不法占拠しているので、校舎を壊すか、損害賠償の意味も含めて時価の10倍の坪100万円で買え」「明日11時現地で立会いだ。校長・事務長・教育委員会課長が出てこい」「おれの事務所は○○地区だ。要求に応じなければ、政治社会問題、差別だ。今度はスピーカーのついた自家用車で来る」と言ってきました。

調査したところ、学校用地の一部が、70年以上前の尋常小学校時代、学校用地として地元有力者M名義のままとなっていたところ、2日前にMさんからXさんに所有権移転登記されていたことが判明しました。

Q
① 不動産業者Xさんの土地は、学校の敷地の中にあるか否か、確認が必要→公図・登記事項証明書
② 私人所有の土地であっても、学校の敷地として数十年利用しているとの事実があれば、民法上時効取得の主張ができるでしょうか（民法162条）。
③ 時効取得後（20年経過後）W市名義に登記をしないままXさんがMさんから所有権移転登記を受けられた場合の対応はどうでしょうか。
④ 地方公共団体の購入については購入の必要性、価格算定については公正さが求められるのでしょうか。
⑤ 市会議員の役割は何でしょうか。
⑥ 担当者として任意による交渉を継続すべきでしょうか。
⑦ 社会活動を理由とした圧力に対する対応はどうでしょうか。

第2編 応用編

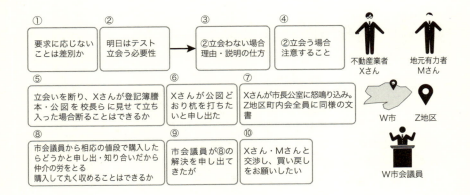

■解説
1 えせ同和行為と同和問題

「おれの事務所は○○地区だ。要求に応じなければ、政治社会問題、差別だ。今度はスピーカーのついた自家用車で来る」との発言にどう対応すべきかについて、社会問題、特に差別を利用する事案の中で、最も多い事案が同和問題を理由とする要求行為です。本件については、地区等を理由とした「差別」を主張していることから同和問題を理由とした要求行為、いわゆるえせ同和行為か否かを検討しなくてはなりません。

結論から言えば、「えせ同和行為」と「同和問題」とは、全く関係がありません。えせ同和行為は、同和問題とは関連性がない不当要求行為であり、えせ同和行為か否かは、行為の態様によって判断されます。社会的相当性を欠く不当要求行為なのです。行為主体が何人か否か、目的が何であるかは関連性がなく、行政対象暴力としての不当要求行為については、公正性確保という行政の本質から考えなければなりません。本件について言えば「人権」「差別」の問題ではなく、不動産をいくらで買うかという「経済問題」の交渉手段として、「差別人権」を用いているに過ぎないからです。しかも「スピーカーのついた自家用車」とはいわゆる「街宣車」であり、暴騒音による実力による圧力を用いようとするもので、不当要求行為そのものであると言えます。

えせ同和行為と地域に関するアンケート調査を紹介します。相当古いアンケート調査ですが、平成12年日本弁護士連合会民事介入暴力対策委員会の調

査によれば、①回答142件中、東京39件、大阪21件、京都13件、福岡12件、群馬10件、仙台10件、名古屋6件であり、大都市を抱える地域が多く、同和問題をかかえる地域との関連性はなし、さらに②行為態様・被害報告のアンケート結果についても貸金・交通事故・下請関係・書籍機関誌購読等、暴力団対策法対象の不当要求行為と類似する行為が多く、人権問題とは関連性は認められませんでした。

　○○県某市（当時町）の税務課長が、同和団体を名乗る男の圧力に押されて宅地開発が不能な土地に関して、虚偽の宅地課税証明書を発行しましたが、その後、この証明書を信じてその土地の売買契約が成立しました。しかし、宅地にできなかったため、土地を購入した人が同市に対して国家賠償訴訟を提起し、同市が敗訴し1億円余りを支払っています。市は税務課長に対して損害額を求償したところ、裁判所は当時の税務課長に対して、同市の危機管理対策が不十分であったことを理由に、損害額を減額し、支払を命じた事案です。

　○○県の副知事、商工労働部の幹部らが縫製業協同組合に対して12億円を超える融資をしましたが、融資に関して担保の調査もほとんどなく、事業についても、融資の回収が可能か否かを何ら調査もしていませんでした。検察庁は背任罪で起訴、○○地裁は一部無罪、○○高裁で有罪になった事案があります。事件の背景には、10年以上にわたる不正ヤミ融資疑惑が存在しており、地元新聞は「この事件は同和運動団体をはじめとする、特定の団体や個人に対して住民感覚では考えられない特別な便宜を図る行政の主体性のなさ、権力機構の歪んだ一面を浮き彫りにした。その意味では全国どこの自治体にも潜んでいる、行政に共通した『ヤミ』の部分と言えるかもしれない。」と報道しています。

　いずれにしても、「差別」「人権」の言葉に惑わされることなく、冷静な判断が必要です。県の同和対策室、法務局人権相談室、弁護士会等、「えせ同和行為」か否かまたその「対策」について相談する部署は存在します。判断できない場合は相談してください。

2　地方議員の職務と倫理

　本件においては、「市会議員から、相応の金額で買い取ったらどうか。知り合いであるから仲介の労をとる」との申出があった事案です。職員としてどう

するべきか「議員先生の顔を立てて議員先生に当面お任せする」との判断ができるでしょうか。行政の公正性から問題がないかを検証しなくてはなりません。

　地方自治法上の議員の職務は何であり、また職員について倫理規定があるように議員についても倫理規定もしくは守るべき倫理は存在するのかを検証しなくてはなりません。地方自治体は二元代表制をとっていることから、議員は職員を指揮し、はたして行政に対して関与できるかどうかは法による行政そのものの原理から判断すべき案件です。

　平成12年4月の地方分権一括法の施行により、自治体は自らの責任において、その組織及びその運営に関する様々な決定を行わなくてはならず、住民が自治体の長（首長）と議会の議員を直接選挙するという二元代表制のもと、議員と首長は各々住民の負託に応えるという責務を負っています。議会の責務は、地方自治と団体自治の原則に則り、自律し、首長その他の執行機関とは緊張ある関係を保ちつつ、独立・対等の立場で政策決定並びに首長の職務において監視及び評価を行うとともに、政策立案及び政策提言を行う役割を担わなくてはなりません。

　すなわち、当然住民自治の観点から、議会は住民に対して議会活動に対して説明責任を負い、議会本来の活動は政策決定、政策提言であり、首長等の事務の執行に対して監視評価を行うものであり、議員とは合議制の機関を構成する一員として、議会活動を通じて住民の負託に応えるべきものであり、そのために日々調査・研究を行い資質の向上に努めなくてはならない存在であり、その議員活動全般について、住民に対して責任を負うべき存在です（参考　政務活動費の費消と説明）。

　倫理としては、上記議会の権能から、議員の倫理としてまず人権侵害行為を行う煽動、人権侵害行為に対する賛同等、人権侵害を助長する行為は行ってはならないことはもちろん、その権限を濫用し、その地位を不当に利用して自己又は特定の者の利益をはかってはならないことはもちろん公正な行政は一般職はもちろん特別職であっても、公務員としてその実現と確保は住民に対する最も重い責任です。ゆえに自己又は特定の者の利益を目的として、自治体が関与する売買、貸借、請負その他の契約又は特定のものに対する行政庁の処分に関して、特定の者に有利になるような働きかけは議員としての職務の範囲外であり、倫理違反です。本件「市会議員から、相応の金額で買い取ったらどうか。仲介の

労をとる」との発言については、特定者の利益に繋がる案件であり、ましてやそこに報酬が支払われれば、収賄・弁護士法違反の問題が生じる案件となります。職員としては明確に「お断りすべき案件」です（参考　三重県議会基本条例、三重県議会議員の政治倫理に関する条例）。

3　本件の解決についての検討

　まず、守るべきものは何かを検討してください。自治体としては、Z小学校の平穏な学校運営ができることですが、本当に守るべきは安心して児童が勉学に励める環境です。そして、地方において小学校は地域の集い、生活の単位としてもまた住民の歴史を象徴する存在として極めて重要なものです。では、どうして本件のような問題が生じるのか検討します。

　小学校の用地は学校用地としての公有財産、行政財産ですが、本件のように当該自治体名義で所有権移転登記がされていないことが多くあります。理由は地方においてはかつて土地の有力者の寄附により学校が開設、建設された経緯があり、感謝の趣旨もあって、当該土地の名義が寄附した有力者の名義のままになっている経緯が多いのです。行政財産管理上問題のある事案であり、本来行政財産についてはあまねく行政財産台帳に記載されるべきものですが、特に重要な行政財産たる学校用地である不動産について管理がなされていないことは多々あります。そして、その使用に妨害行為がなされても直接強制ができず、民事的手続によらなくてはならない問題が生じます。不当要求行為者は自治体の行政財産管理の懈怠というべき状況を狙うのです。本件も自治体職員の自己の行う財産管理について「何が問題か」「問題となる可能性はあるか」という私企業において、当然の財産上の管理のガバナンスの欠如や緊張感の欠如を攻撃してくるのです。

　本件もその例であり、児童の平穏な教育を受ける権利の確保を最優先にすべきであり、当該不動産業者の校内への立ち入りを拒否し、仮に立ち入ろうとした場合は住居侵入等で告訴告発すべき案件として、その旨の書面による警告を当該不動産業者に対して事前に行うべきです。

　では、交渉により売買は可能でしょうか。自治体が不動産を購入する場合、公共用地の取得として専門の用地補償コンサルタントの助言指導を受け、当該土地の価格について鑑定査定を受け、価格の正当性・妥当性・相当性の証明が

必要になります。公正な支出と公正な取得の理由です。本件の場合ははたして通常の用地補償と考えてよいのでしょうか。まず数十年学校用地として使用している事実があり、寄附を受けた事実があります。所得時効の主張が可能である案件です。まず当該土地について自治体の所有であるとの法的主張が可能であるか否か、また時効取得が可能であっても、時効完成後の当該土地の登記の移転についてなお所有権を主張できるか、またその法的手続について検討しなくてはなりません。

4　最高裁判所判決からの解決

　係争の本件土地については学校用地として数十年にわたり利用されてきた事実があります。しかも不動産業者Xさんは校舎の取り壊しを求めており、係争地においては校舎が存在すると推認できる案件です。

　係争地たる本件土地については、W市としては所有権の確認を不動産業者Xさんに対して求める訴訟を提起すべきです。その理由は20年以上占有したことにより所有権を取得したと主張するものだからです。そもそも不動産について、購入後に前所有者名義のまま放置したところ全所有者から移転登記を経た第三者に対して、その所有権を対抗できないとされています（民法177条）。同様に本件の場合についてもW市は本件土地について時効取得を理由に時効取得経過後について移転登記を経た不動産業者Xさんに対して登記の欠缺を理由に所有権を主張できないのが原則です。ただし、転得者であるYさんが背信的悪意者である場合は、民法177条の「第三者」に当たらず、登記の欠缺を主張することに正当な利益はなく、W市はXさんに対して登記なしに時効取得を対抗できることになり、所有権を主張できます（最高裁（3小）平成18年1月17日判決・判例時報1925号3頁、最高裁判例解説民事編平成18年上44頁以下）。Xさんに対して背信的悪意者として主張するためにはどのような要件が必要でしょうか。前記最高裁判決は「多年にわたる当該不動産の占有の事実を認識していたこと、登記の欠缺を主張することが信義に反すること」を要件としています。本件の場合、①多年に渡り小学校用地として使用占有されていたことを当然Xさんは認識している、②同事実を奇貨としてW市に対して高額な買い取りを求めている、③Xさんの要求は買い取りに応じなければ校舎を解体して明渡せと

いう主張であり、W市、在校中の児童に対する教育環境に悪影響を与える等、地区の住民に対しても回復しがたい損害を与えている、以上の事実からW市に対して登記の欠缺を主張しえない背信的悪意者であることは明らかです。

5　最終的な解決をめざして

W市としては、最終的な解決はXさんに対して交渉を拒否し続けることではなく、Xさんが主張する本件土地の所有権を否定し、Xさんに対して本件土地についてW市の所有権の確認を求めるとともに、登記名義をW市名義に移転し、Xさんの主張を覆滅せしめることであります。

訴訟を提起すべき案件です（参考・神崎満次郎「判決による登記の実務と理論」（テイハン、1999年）、幸良秋夫「新訂　設問解説　判決による登記」（日本加除出版、2022年）。

請求の趣旨

1　原告は被告に対して、別紙目録の土地について所有権を有することを確認する

2　被告は原告に対して、別紙目録の土地につき真正な登記名義の回復を原因とする所有権移転登記手続きをせよ

3　訴訟費用は被告の負担とする

6　手続についての問題点

前述のとおり、訴訟提起については地方自治法96条1項12号の規定により、議会の議決を求めることが必要です。議会の議決を得るためには議会提出のため事前に（自治体によっては議会開催日の2週間程度前）議案書の作成を行い、議会事務局を経て議会の承認を得ます。そして、議決書については議会閉会日の翌日か翌々日に交付されます。訴訟提起はこれらの手続を経てからです。

Xさんは不動産業者であることから、知己の不動産業者又は架空会社を使い、本件土地係争地の登記名義を変更することがあり得ます。被告すなわち訴訟の当事者を肯定しなくてはなりません。

民事保全法による仮処分の申立が必要となり、首長の専決で申立が可能にな

ります。

　申立の趣旨は、債務者（X）は別紙目録の土地について譲渡並びに質権・賃借権の設定その他一切の処分をしてはなりません。

　しかしながら、本案訴訟の準備、訴え提起が確実であるとの見込みが必要です。Xさんは不動産業者であることから弁護士等の法律専門家の助言を当然求めていると予測すべきです。保全命令は、本案訴訟による権利関係の確定に至るまでの暫定的・過程的措置であり、保全命令を得ながら本案訴訟の提起を怠るときは、権利関係の浮動状態が継続し、保全命令により処分禁止の制限を受けている者は、この不利益状態からのがれることはできません。他方処分禁止の仮処分命令を受けた者は、速やかに本案訴訟を提起して権利関係の確定を得るべきなのに、これを怠ることは権利の実現に意欲を欠き、保全制度を濫用しているものと考えられ、民事保全法37条は起訴命令及びこの命令不遵守による保全命令の取消しを認めています。裁判所が相当の認められる一定期間内に本案訴訟の提起を命ずるとともに、これを証する書面の提出を命じこれを遵守しない場合、保全命令を取消すものとしています（同法37条。江原健志＝品川英基「第4版　民事保全の実務（上）」（きんざい、2021年）101頁）。

　本案訴訟については前記のとおり、議会の承認が必要であり、時期的に限定されているために、本案訴訟が提起できず、保全処分が取り消される可能性があることに注意しなくてはなりません。その危険性を回避するためには、訴訟について議会の承認手続を予定に入れた保全処分の申立てが必要です。訴訟について緊急の場合、議会の承認を不要とする自治体もありますが、保全処分の申立において専決処分し、本案訴訟においても専決処分となると議会軽視との批判がなされる可能性があります。特に本件の場合、本来本件土地について紛争前に所有権移転登記手続について何らかの障害がある事案ではないことから「行政財産の管理の懈怠」と議会から非難を受ける可能性が高く、常に緊張感を持った法的対応が必要です。

7　不当要求の原因

　不動産業者Xさんのみが非難されるべきではありません。自治体の行政財産について日々緊張し管理する姿勢が問われています。登記登録を怠っているか否か検証は必要です。

課題7 救急・医療・患者

救急・医療・患者

事案

A市市民病院は、600弱の病床を置く、年間外来患者数延約40万人、入院患者数延2万人を数える地区最大の公立病院です。

救急救命センターも設置され、しかも近隣市町村からの緊急搬送が頻繁になされる地域の総合医療センターの役割も持っています。インフルエンザの流行時には親御さんが高熱のお子さんを抱えて夜間外来に来院されます。

住民Bさんの緊急搬送依頼は年100回以上、夜間緊急外来の来所の場合、優先的に受診を求めることから病気を抱えた小児の治療に影響が出ており、市民からの苦情が多発しています。

Q

① 市民Bさんの目的は何でしょうか。
② 医師法の規定から、診察を拒めないでしょうか。
③ 被害者は誰でしょうか。
④ 市民病院の存在意義はどうでしょうか。
⑤ 救急車はタクシーと同じですか。行政機関の連携の必要性はどうですか。
⑥ 仮に住民Bさんが緊急搬送後、容体が安定し治療の必要がない状態でも入院をしていた場合はどうですか。
⑦ 治療費の請求はどうしますか。

毎週複数回、夜間緊急外来に酩酊状態で受診	
医療関係者に暴言	待合室で寝込んでしまう

↓

深夜 近隣公園から携帯電話で緊急搬送依頼	
治療費は平成20年以降未払い・100万円以上	特定の看護師しか診察を受けず、セクハラ行為あり

↓

緊急搬送後、受診中心筋梗塞で死亡	
長男Cが「謝罪文と500万円を支払わなければ遺体を引き取らない」と要求	遺体は霊安室に10日間保管・遺体の状況は悪化

解説
1 医師の応召義務

　毎週数回、夜間救急外来を来診、特定の看護師や医師に対して診察を要求するばかりか、気に入らない看護師、医師に対して「ボケ」「ブス」「ヤブ」等暴言はもとより、抱きつく、身体を触るなど、また「俺は急患だ」「○○医師は非番でも彼女に診てほしい。診察しろ」と怒鳴ります。しかも泥酔して寝込んでしまうこともあります。「来院を断る」と看護師から申し入れても「医師の応召義務を知っているか」「金（治療費）を払わなくても診察するのが医者」と逆に脅すような対応を強いる場合は、どのように対応すべきでしょうか。

　医師法（昭和23年法律第201号）19条は、「診療に従事する医師は、診察治療の求めがあった場合には、正当な理由がなければ、これを拒んではならない」と規定しています。問題は「正当な理由」とは何かです。行政解釈としては、正当な理由は、それぞれの具体的な場合において社会通念上健全と認められる道徳的な判断であると解されています（昭和24年9月10日付け医発第752号厚生省医務局長通知）。

　具体的には、治療費の不払いであっても直ちにこれを理由に診療を拒むことはできません。診療時間を制限している場合であっても、これを理由として急を要する患者の診療を拒むことはできないとされています。

　「非番でも診察しろ」「治療費の支払いと診察とは関係がない」と要求されると、医療機関としては診察しなくてはならないと考えます。そこで、医師法19条の応召義務の法的性質から考えます。そもそも応召義務は、医師が国に対して負担する公法上の義務であり、応召義務違反に対して、刑事罰は規定されていません。医師法上医師免許に対する行政処分はあり得ます。

　私法上は医療機関の不法行為上の過失の認定にあたり、「医師の診療拒否が全て民事上の医師の過失になるとは考えられない」と下級審の裁判例（千葉地裁昭和61年7月25日判決・判例地方自治26号21頁、神戸地裁平成4年6月30日判決・判例地方自治101号59頁）は判断しています。

　近時の裁判例（名古屋地裁令和3年9月29日判決・公刊物未登載）は、原告が診察を求めたところ、被告医師が信頼関係の喪失を理由に診察治療を拒否した事実に対して医師法19条違反にあたる不法行為であるとして、慰謝料30万

課題7 救急・医療・患者

円の請求をなした事案について、医師が拒否した治療については、原告の協力なしに検査治療等を行うことはできないことから、同一反復した質問を繰りかえす原告の来院は、被告の困惑のみを目的とするものと判断せざるを得ず、かつ冷静さを失った原告の対応から診察治療等の医療行為は困難と判断としたものであり、相応の理由があり正当な理由のない診療拒否にあたらないとして請求を棄却しました。

　同裁判例、下級審裁判例からは、応召義務について民事上の責任が生じる要件としては診療拒否がなされた場合、その拒否の理由が不相当なものであり違法性を有すること、患者に損害を与えることが要件であると解されています。前記名古屋地裁判決を検討すると、長期にわたる診療診察であり、「診療契約を解除し診察を拒否するためには応召義務の規定からその信頼関係を破壊したのみでは足りず、患者が医療機関の業務を妨害したり医療機関に不当な要求をしたり、又患者の容態が悪化する場合でないことも要する」（大阪高裁平成24年9月19日判決・公刊物未登載）からは、①反復継続する同一の質問を繰り返し、②1時間以上の長時間の質問、③納得できない、誠意ある回答を求める、④大きな声等現場スタッフが恐怖心を感じたこと、⑤診察治療拒否による患者の医療上被害が少ないこと等を総合して患者の請求を棄却したものと推認できます。また、裁判例からは正当な理由なく診療拒否した場合、医療機関がその過失の存在は推定されるとする例があり、いずれにしても不法行為責任を医療機関が負うためには過失により患者側に損害を与えた事実が主張立証されなくてはなりません（参考・厚生労働省通知（令和元年12月25日付医政発1225号第4号）には「(2)①患者の迷惑行為・診療・療養において生じた又は生じている迷惑行為の態様に照らし、診療の基礎となる信頼関係が喪失している場合には、新たな診療を行わないことが正当化される。」）。

　本件の場合、「深夜」「救急外来」「泥酔」「医療従事者へのセクハラ目的」「暴言」等の行為態様、その目的から医療を受ける目的ではないと判断され、前記裁判例からも受診を拒否したとしても応召義務違反にはならないと判断しています。もっとも「泥酔」「酩酊」の場合、医師の質問、患者からの正確な回答を得ることができないことから診察治療行為が不可能であると判断され、受診を断ったとしても応召義務違反とはなり得ないと判断しています。前記名古屋

地裁判決の事案では、被告医療機関は「患者からの診察検査等医療行為に対する協力がないと、医療行為そのものができない」と主張していました。問診等が的確にできないと判断される場合「泥酔」「酩酊」「暴言による興奮」により受診拒否することは正当な理由のない診療拒否にあたらず、ましてや気に入った医療従事者以外の者について触診等を拒否し、当該要求目的の医療従事者の診察を要求する行為に対して拒否できることは当然です。

応召義務についてまとめると、医師個人の民事・刑事上の責任や医療機関と医師との労働契約上の法的義務に直接的な影響をもたらすものではないが、実態として個々の医師の診察の求めがあっても診療拒否してはならないという職業倫理・規範として機能し、医師側が社会的な要請と国民の期待を受けとめたものです。そのために医師側に応召義務は法的効果以上に過大な圧力負荷となっています。具体的な対応方法としては、Bさんの来院時複数名による受診の目的の聴取、医療従事者の安全確保のみならず医療行為の可視化による医療ミスの防止のため受診時録音を行い、後日の証拠とすることが必要です。相手方Bさんの同意が必要か否かについては、医療記録の一部であることを説明し同意は不要です（一部の歯科医院では全治療について録画をしています）。

2　不要な入院、治療費の請求

診療とは医学的に見て適正で必要かつ十分な治療等をいい、入院を必要としない患者を入院させる必要はありません。

市民病院の場合、医療機関として、医療専門性から病床数が制限され逼迫している例があり、この場合、すでに治癒した患者を入院させたままにすることは本当に入院が必要な患者の生命身体の安全にかかわる重大な障害です。施設管理権のみならず医療機関としての入院患者の逼迫状況、入院患者に対する医学的に高度の治療行為の必要性等を主張立証し、司法的に退去の手続（保全処分）をなすことも可能です。この際、債権者・債務者双方の裁判所における審尋が必要です（Q①参照）。

保全命令主文は以下のとおりです。
① 債務者は債権者の別紙物件目録記載の場所を明渡せ
② 債務者は治療診察以外の目的で別紙目録記載の建物に立ち入ってはならない

③　債務者は債権者従業員に対して「○○」等暴言をなしてはならない

　ただし、違反した場合、間接強制によることになります。

　治療費についてはすみやかに訴訟を提起し、回収をはかるべきです。そもそも治療費を滞納させ放置するところに、不当要求行為者たるBさんの病院内の行為を増長させる原因があるからです。

3　緊急搬送依頼

（1）　市民Bさんの目的は、消防局と病院の業務妨害であり、特に本件のように救急車をタクシーがわりに使用する例、又は一年間に100回以上119番通報をし救急車を呼ぶ例が多発しています。

　そもそも救急車が必要となる救急業務とは、災害により生じた事故又は屋外若しくは公衆の出入りする場所において生じた事故、医療機関その他の場所へ緊急に搬送する必要があるものを救急隊によって、その他の場所に搬送すること、傷病者が医師の管理下に置かれるまでの間において、緊急やむを得ないものとして応急の手当てを行うことです（消防法2条9項）。自宅若しくは公園・道路において傷病が生じた場合、救急車以外で適切な手段がない場合が要件です。しかしながら、このような緊急性を一般人が判断することは難しいので結果としてなにごともなかった場合は法的責任が問われることはないですが、消防法44条20号は正当な理由なく同法2条9項の傷病者に係る虚偽の通報をしたものに対して30万円以下の罰金又は拘留に処すと定めており、虚偽の災害の事実を公務員に対して申し出た者には拘留又は科料が課せられます（軽犯罪法1条16号）。さらに適正な消防署の業務を虚偽の通報により妨害するものとして刑法上の偽計による業務妨害罪（刑法233条の3年以下の懲役、50万円以下の罰金）が嫌疑されます。

　救急車の台数は最低数が定められており（消防力の整備指針13条）、人口10万人以下の消防本部又は署所にあっては概ね人口2万人ごとに1台を基準とし、人口10万人を超える消防本部又は署所にあっては5台に、人口10万を超える人口について、おおむね人口5万人ごとに1台を加算として台数を基準として、当該市町村の昼間人口、高齢化の状況、緊急業務に係る出勤の状況等を勘案する数とする、と規定され、救急車の数は限定されており虚偽通報による救急車

の出動は、消防署の業務はもちろんその出動が必要である傷病者の生命の危険すらもたらします。

(2)　ではどのように対応すればよいでしょうか。救急の現場ではＢさんの緊急搬送の依頼が虚偽か否か判断することは困難です。しかも自宅からの通報ではある程度虚偽の通報か否か、現場での容体、それまでの通報歴等から判断しやすいところですが、各所に移動し緊急搬送を依頼する場合はとりあえず対応し、医療機関へ搬送することになり、その搬送先の医療機関に連絡し「特定のトラブル有名人」であると受け入れ先の医療機関で判明すると、受け入れを拒否され救急車が彷徨することがあります。

救急の現場ではこのような問題が多発し、その対応に苦慮することなります。では代理人弁護士名により、警告書をＢさん宛に郵送する方法は効果があるかは、Ｂさんは体調が良くないから救急車を呼ぶと主張した場合、どのような対応策があるか疑問です。

(3)　本件の解決にはＢさんの「納得理解」ではなく、人格障害的不当要求行為者に対して説得して理解を求めることは非現実的です。偽計による業務妨害の逮捕起訴を目的として、被害届ないし告訴状を警察に提出する旨を目標とすべきです。虚偽ないし必要のない救急搬送の依頼が「真に緊急搬送を必要とする重症患者」にとり、いかに生命の危険をもたらすかを考えれば、すみやかにＢさんの虚偽ないし不必要な緊急搬送依頼を阻止すべきであり、Ｂさんの行為が消防法、偽計による業務妨害罪等に嫌疑される事案であっても、積極的に業務の阻害を受けている当該自治体消防署から被害申告告訴等の相談を警察に行わないかぎり、問題解決には何ら寄与しません。

対応策としては「救急の現場に警察官の立ち会い」を求めるべきです。立ち会いの根拠は警察官職務執行法（以下「警職法」と言います。）に求めることができます。同法2条は、「警察官は、異常な挙動その他周囲の事情から合理的に判断して何らかの犯罪を犯し、若しくは犯そうとしていると疑うに足りる相当な理由のある者……を停止させて質問することができる」（1項）、さらに「その場で前項の質問をする事が本人に対して不利であり、又は交通の妨害になると認められる場合においては、質問するため、その者に附近の警察署、派出所又は駐在所に同行することを求めることができる」（2項）と規定しています。

警察に対して警職法2条の行為の発動（司法警察ではなく行政警察）を求めるためには、同条に「合理的に判断して何らかの犯罪を犯し、若しくは犯そうとしていると疑うに足りる相当な理由」が必要です。本件の如き偽計による業務妨害の場合、119番通報記録、緊急通報の通信記録（録音記録）等を整理し、警察にいかに多くの偽計による業務妨害の被害が多いかを相談すべきです（資料の整理・報告書の作成）。所轄警察署のみならず警察本部に対する相談が必要で、119番通報を受けると同時に緊急通報の通信センターから110番通報をし、現場での警察官立ち会いを求めることができます。

　本件類似の事案においても、当該自治体の消防局(署)において記録を作成し、代理人弁護士を通じ所轄警察署（当該自治体と警察との行政対象暴力対策についての協定に基づく、当該自治体総務部が窓口）と相談を行い、県警本部との調整をします。相談直後のBさんからの119番救急搬送依頼「○○通り○丁目において気分が悪く歩けない」との通報についても、救急車が出動しましたが、パトカーも同時刻に到着し、Bさんに対して職務質問を警察官が行い、救急救命隊員から健康状態に異常が外形上認められないとの説明により、警察官は「虚偽通報は偽計による業務妨害にあたる」と警告し、所轄署への同行を求めました。以降Bさんからの緊急搬送依頼の架電はありません。同事案は本来「偽計による業務妨害」として立件し得る事案です。

4　まとめ

　本件のような場合、医療機関において現場の医療従事者の対応のみでは解決は不可能です。事務局と連携し、弁護士たる代理人を選任し応召義務の正確な理解を医療従事者になすとともに、保全処分の申立を見据えた証拠の作成のための指導も必要です。またセクハラ問題もあることから警察との相談、連絡が必要になります。特に虚偽、不要な救急搬送の依頼については消防署との連携も必要となり、弁護士たる代理人の役割は重要になります。そして市民病院の地域医療に対する位置付け、特に医療を必要とする小児・高齢者との関連で不当要求行為者Bさんの行為が、いかに小児や高齢者等医療弱者の生命・身体に対して危険をもたらしているかを統計等数字により主張立証することが必要であることはいうまでもないことです。

第2編 応用編

課題 8 教育の現場—モンスターペアレント

事案

「学校は誰のために」当市〇〇中学校2年生の女子生徒Aさんの母親Xさんから、校長宛に下図フロー記載のとおりの申入れがありました。

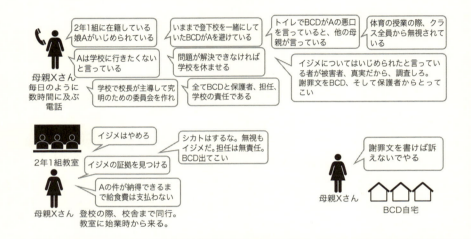

Q
① 母親Xさんの要望について学校はどのように対応しますか。
② 業務妨害行為に対して、学校設置者の施設管理権・平穏な業務の遂行権のみを保護すべき権利としてとらえるのではなく、児童・生徒の教育を受ける権利を中心に考えるべきでしょうか。
③ 義務教育の真の受益者は誰か、学校設置者・教育者は誰の利益を第一に考えなくてはならないのでしょうか。

解説

1 対応策

　母親Xさんに対して学校、設置者としての自治体はどのように対応すべきでしょうか。母親Xさんへの対応等から教員の業務に支障が出ており、教員が精神的・身体的に疲弊していると判断した場合、代理人弁護士からXさんに対し

て、①学校内に立ち入らない、②授業を妨害しない、③給食費の支払いを求め、内容証明郵便を送付する、との対応も考えられます。さらに授業の妨害が著しく平穏な授業ができない場合、さらには学校全体の授業にも影響する場合は、学校設置者としての自治体は当該学校の生徒に対する教育を受ける権利が妨害されています。学校の業務は児童・生徒の教育を受ける権利を実現するための業務であり、その業務が妨害されていることを理由に保全処分立入禁止、業務妨害禁止の仮処分の申請を裁判所に対して行うことが理論的には可能です。

なお、母親Xさんについては「いじめ」が苦情対象となっていますが、「いじめ」の定義、「いじめ」の対策・予防については「文部科学省・学校におけるいじめ問題に関する基本的認識と取り組みのポイント」を参照してください。本稿においては「いじめ」について詳細に論じるのではなく、母親Xさんによるクレーム・苦情にどのように対応するかについて論じます。

2　対応策の検討

前記対策は、果たして教育の観点から相当であるか否かを検討しなくてはなりません。教育現場、特に教員の疲弊を理由に教員に対する児童・生徒の保護者等からの暴力脅迫を防ぐため「教育対象暴力」という用語があります。

生徒の保護者に対する代理人弁護士からの警告の内容証明郵便、代理人名でなく、仮に校長名による内容証明郵便が生徒自宅に送付された場合、当該生徒Aさんは家庭、学校内で全く影響がないのでしょうか。さらには仮処分の申請についても、本件のような業務妨害禁止については審尋案件として、母親Xさんに対して仮処分の申請書、疎明資料等が送付されます。同事実が生じることは生徒Aさんの母親Xさんに対して真実教育現場の見地から妥当といえるのか、個々の生徒の教育を受ける権利の名の下、または教員が生徒に対して授業を行うという職務を保護するために正当化されるか否かを検討すべきではないか、教育の現場は教育の原理理想が働くべきではないかを立ち止まって考えるべきです。

3　不満の根源

学校に対するクレームの大半、もしくはすべてが学校に通う自分の子どもに

対する不満です（例外として近隣住民からの児童・生徒の声がうるさい）。行政上の公務に対するクレーム・苦情と異なるのは、子どもの生活成長等教育にかかるクレーム・苦情です。一般の行政サービスとは異なり、教育サービスは保護する子どもの将来にかかわる継続するサービスであり、保護者としても子どもの成長と生活という面から家庭生活に大きな影響を与えることに留意しなくてはなりません。

　教育基本法1条にある「教育は、人格の完成を目指す」の理念は、将来国・社会を担う人間として真理と正義を愛し、個人の価値を尊び勤労と責任を重んじ、自主的精神に満ちた心身共に健康な国民の育成を期し、児童・生徒一人ひとりに対して教育の目的の実現を規定するものであり、特に義務教育は同法5条により国民はその保護する子に義務教育を受けさせる義務を負うと規定しており、保護者の意思にかかわらず義務教育を受けさせなくてはならないとしています。

　本件は保護者により「学校は何もしてくれない、教師はまともに対応してくれない」「自分の子供だけが被害者である」と執拗に要求する事案であり、このような例は各地でかなり多く起こっています。保護者の心理状態は被害者意識が強く、このような人間は、過去に周りの人間に傷つけられたり、不当な扱いを受けた経験、特に成長期に「いじめ」を受けた経験を持っている例が多いために他人を無条件に信じることができず、自らが他人に攻撃され侵害されていると信じてしまう傾向にあります。子どもの話を聞いたり、子どもの様子を伺ったりしていると、どうしても過去の自分の経験が蘇り、保護者自身が不安に陥ることが多く、さらにその不安を増幅させ感情的に高ぶる可能性があります。

　このような被害者意識の強い保護者に対しては法的対応を即時に行うのではなく、まずは保護者の信頼を得、不安を軽減することが現場で必要になります。
　① 　常時保護者と連絡をとり、保護者自身がかかえている不安を軽減できないか、学校と家庭との連絡帳の確認をしたうえで、何も記載がないことは安心材料ではなく、何か問題がないか常に呼びかける姿勢の重要性
　② 　運動会、三者面談、遠足、校外学習、修学旅行、行事の節目節目に沿った対応や学校・教師からの問いかけ

③　保護者からの連絡についてのすみやかな対応
などが必要となります。

　不当要求行為というと行為者の悪意を感じますが、教育の現場においてはまず対応する教員として、「保護者の不安」を感じなくてはなりません。

4　対応策再考

　教育サービスは行政サービスの一つですが、行政サービスの中でも特色がある行政サービスと民間のサービスとの差異については、サービスの提供者は相手方を選択できません（お客様をお断りする権利）。対価性はない（サービスの対価は商品価値）のです。

　提供者が学校側のみではなく、教育サービスについて、受け手の受給者についても選択制はなく（Aの住民はA市の学校へ）、サービスを受けることは義務であり（教育の義務）、サービスの内容についても統制されています（学習指導要領等）。受給者と供給者との関係は一般に、行政サービスにより強固な信頼関係が必要となります。「教師」は「聖職者」と呼ばれています。「教師」という職にあり「児童・生徒に対して真摯に教育を行えば保護者は理解し協力してくれる」という期待は抱くべきではなく、確かに真摯に児童・生徒に対して教育実践を行うことは不可欠ですが、「行政サービスとしての教育サービス」という見地からは保護者の信頼を得る必要があります。

　そのためには、
　①　子と子の学習環境に関する情報を適切に伝える
　②　サービスの受け手の一人である保護者の適切な要望を現場に活かす
という対応が必要です。住民満足・住民評価という行政サービスの観点からは同一の要請であり、この二つが充足しないと保護者から「教師」の実績が評価されず、誤解からクレームの発生に繋がります。

5　具体的対策

(1)　情報開示

　「知る権利の保障」という見地から行政サービスについて情報開示は不可欠です。教育サービス、学校教育の現場からの情報について保護者は「子からの

間接的な情報」しか知りえず、直接情報を収集し分析判断できることは難しくなっています。人間は相手がどういう人間かわからないとき、本心を明かして相手を信用することはできないことが常であり、どうしても表面的な人間関係になりやすく、相手の行動が自分の思いに反すると反発し、批判的になりやすくなります。教員・学校と保護者の関係も同様です。どのようにすれば保護者に教育についての理解を得られるか、保護者の信頼を得るかは、
　① 教育・学校に関する情報、子に対する教育の実践に関する情報
　② 教師・学校に対する保護者の要望に関する情報を獲得する
ことが必要です。具体的には、
　㋐ 教師が子に対してどのような教育（教師としての具体的な指導方針）を行うかとの考え方と実践方法
　㋑ 日常の教育の様子、子の学校生活やその様子
　㋒ 運動会、学習発表会などの学期ごとの成果の情報
が保護者に理解を求める情報です。

　㋐は「担任教員が何者かわからない」という保護者の不信感を除去するために教員自身の自己アピールが重要です（私はこういう人間です、こうしたいのです）。㋑については保護者として最も知りたい情報です。自分の子が学校でどのような生活をしているか、クラスの中での人間関係はどうなのか、集団生活の様子等の情報と全ての児童・生徒について、教師は関心を持ち評価しているという姿勢を保護者に示すことが必要です。保護者は何よりも子がどのように評価されているかが知りたい情報であり、㋒は子に対する教育の成果を示し保護者の理解を得ることです。

　情報開示はまず全体に、そして個別的に教師側からこまめに行い、そして保護者からのニーズを獲得するという方法です。民間企業がサービス向上のために行っているQCサークル方式とかわることはなく、行政サービス・教育サービスとしては当然の方法です。

(2) クレーム対応

　クレーム対応も、民間企業と何らかわることはありません。
　① 保護者からの怒り、不満や不審の感情を受け止める（正確に聞き取り記録する）

② 学校・教師が行った対応があればその内容を説明する
③ どのような対応を学校・教師に期待しているか「要望」を聞き取る
④ 今後学校・教師が連携し、家庭・学校における児童・生徒の情報を交換する等、連携した対応を確認する

③の「要望」については「できること」「できないこと」を専門的見地から説明することが必要です。確かに「納得できない」「満足する回答ではない」と保護者が反発することもあり得ることです。この場合でも直ちに「クレーマー」として排除するのではなく、価値観・人生観の相違、生活環境の差異等から生じる問題として、どのように解決すべきかを慎重に検討すべきです。それは保護者よりも教育サービスを必要とし、受益者であるのは保護者の監護する児童・生徒だからです。例えばですが、「どのように対応すればよいですか」「特別扱いと、他の生徒、そしてその保護者から非難があった場合どうしますか」「要望の方法でどのように問題が解決できますか」と積極的に質問することも必要です。大変時間を要することですが、学校・教師は保護者を選ぶことができません。他方保護者も学校・教師を選ぶことができない状況下では保護者との信頼関係をいかに築き上げるかが必要不可欠です。

(3) 組織的対応

❶ 本件について、どのように学校・教師は対応することができますか。
学校・教師に対するXさんの要望は以下のとおりです。
① 登下校をAさんとともにしていたBCDさんらが避けている
② 「トイレでAさんの悪口をBCDさんが言っている」と他の母親が言った
③ 体育の授業の際、クラス全体から無視されている
④ 調査のための委員会（組織）を作れ
⑤ いじめは真実だから謝罪文をBCDさんら及び保護者からとれ
⑥ 証拠収集のための許可のない校内への侵入
⑦ その他BCDさんらへの直接要求、給食費の未払い宣言

❷(i) 前記①〜③のXさんの主張については、脅迫・暴行という身体に対する直接的な害悪ではなく、いわゆる「シカト」「村八分」といわれる当該人物の存在自体を無視するという「いじめ」の典型例です。学校という集団生活の中で特定の人物がこの「シカト」「村八分」という「いじめ」を受

けた場合、その人自身の存在・人格の否定であり、陰湿な方法であり、しかも「いじめ」の加害者は多数強者であり、「いじめ」の被害者は学校生活を過ごす時間全てが「いじめ」による加害を受けている事案です。徐々に、そして継続的に孤独感・疎外感を与える魂の殺人計画といっても過言ではないと考えます。

(ⅱ) 母親Xさんは重大な「いじめ」事件の申告者であり、真実であるか否かを調査すべき案件です。

まず、学校・教師に「いじめ」についてどのように指導していたか否かを検討し、保護者Xさんに説明すべきです。指導の理念は「いじめ」は「遊び」ではなく「人権侵害事件」であることを基本とし、「いじめ」は、

① 弱いものいじめは他人の生き方を否定する悪であり許してはならない

② いじめを受けた生徒は死ぬような思いを受けており、「おまえも悪い」「悪いことがあったのではないか」との言葉は残酷であり、何ら正当化できない

③ 傍観者を決して許さない、認めない。「知らない」「見ていない」というクラスメイトの存在を認めない

特に、③傍観者に留意すべきです。教員が積極的にいじめを防止しないことはこの傍観者にあたります。当該「いじめ」、特に「シカト」「村八分」にあった生徒は継続的に孤独感・疎外感を与える魂の殺人計画の渦中にあるため、「誰も助けてくれない」という絶望感に陥っています（被害者の感想として、それまで親しいと思っていたクラスメイトが自分がいじめにあっているにもかかわらず、なにも関心がないようなそぶりや、そのときの彼ら、彼女らの魚の目のような冷たい目を何年経っても忘れないと述べています。）。

どの指導が確実に学校の教育現場でなされていたか否かを検証しなくてはなりません。

(ⅲ) 指導がされていたとしても、「調査なくして指導はあり得ない」「事実関係を確定し行動すべきである」など、生徒全体に対してアンケート調査をすべきです。「いじめ」、特に「シカト」「村八分」については、加害者はクラス内においていわゆる「学級カースト」の上位にある者が多く、その人数も多いことから、個別的な聞き取りにすれば加害者生徒の口裏合わせ

課題8 教育の現場―モンスターペアレント

はもちろん、多くの傍観者もいじめられないためにカースト上位者に忖度して真実を語らない可能性が高くなります。よってアンケート調査が望ましいのです。アンケートの記載内容については専門書に譲りますが、調査事項を具体的に、かつきめ細かい多項目の調査内容にすること、キーワードの「シカト」「村八分」を記載することが必要であると言われています。

(ⅳ) さて、本件の場合どのように対応するかは、アンケートのみではなく、「いじめ」の被害に遭っていると申告がある生徒Aさんを調べ、そして加害者を調査することになります。もちろん生徒BCDさんらに対して学校・教師として強制的に調査する権限はなく、調査にあたっては学校・教師が予断や偏見をもって調査してはならないということです。「いじめ」があったと申告を受けた教師には大変なことで、「不祥事は潰せ」とばかりに「またあいつ」との「悪者に決めつける」予断と偏見があるかもしれませんが、決してしてはならないことは言うまでもありません。

被害にあったと保護者から申告があった生徒Aさんについては、調査にあたり、教員・学校関係者のみではなく、むしろ専門家による調査やスクールカウンセラー、臨床心理士、心理学の大学教授、教育学の大学教授等第三者たる専門家による調査が望ましいです。学校・教師のみであると偏見と予断の疑いは払拭できないからで、特に本件の場合、保護者Xさんの校内侵入等の行為、BCDさんら及びその保護者に対する対応は生徒Aさんの心に何らかの影響を与えている可能性もあります。そして本件については、人権侵害の問題もあることから、慎重に法的解決をはかる必要が生じ、弁護士（スクールロイヤー）の助言・指導が必要になります。弁護士から学校外の問題でXさんのBCDさんらの自宅への訪問についても助言を受けることが可能となります。

そして、第三者委員会の設置についても弁護士より助言を受けることが可能です。なお当該弁護士の選任にあたり、専門性を重視するならば「不当要求対策」ではなく「子どもの権利」を専門にしている弁護士が望ましいといえます。

さらに、加害者と言われたBCDさんらについては、その保護者に対して「いじめ」の調査についての重要性を説明し、協力を得ることが必要です。

教員と保護者との信頼関係がすべての解決のキーワードになります。そのためにこそ「いじめ」については生徒のみならず、「保護者」に対する教育指導をあらかじめ行い、その深刻さと人権問題であるとの理解を深めねばなりません。

6　結　論

　本件においては、保護者Xさんの行為に対してどのような対策を行うのかではなく、問題がなぜ発生しているのか、原因を解明し、学校・教師として守るべきは何かを検討しなくてはなりません。義務教育・公教育の重要性「自由で民主的、健全な国民を育成するという使命」、成長期において9年間の時間と人間の成長を考慮する時、排除の論理ではなく真実の教育の論理によるべきものです。

課題 9 高齢者虐待・職員に対する脅迫

事案

　私はA市福祉部福祉課において高年福祉の仕事をしています。私の職務は高齢者虐待防止法（高齢者虐待の防止、高齢者の養護者に対する支援等に関する法律）に基づき、高齢者の虐待通報を当市で法により設置した高齢者虐待防止委員会に報告し、適切な措置を求めることです。このたびケースワーカーからの虐待通報により、市内で認知症を患うXさんが、息子のYさんより暴力を受け、体中「痣」だらけで命の危険があると、診断書を添えて委員会に通報がありました。すみやかに分離の手続をとり施設に入所させるとともに、市長による成年後見制度による後見人選任の申立をしました。そして本日その決定がなされ、弁護士Z先生が選任されました。ところが本日夕刻、息子Yさんが包丁を持って「お袋をどこに隠した」「おかーちゃん会いたいよ」「人でなし」と市役所の窓口に怒鳴りこんできました。

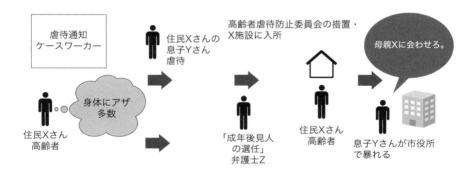

Q ① 市の対応はどうしたらよいのでしょうか。
　　② Xさんとの面会を認めてもよいのでしょうか。

第2編 応用編

■ 解説

　高齢者虐待防止法は、高齢者に対する虐待の予防・防止、虐待された高齢者に対して適切な保護をすることを規定しています。高齢者虐待の早期発見・早期対応の施策は、国及び地方公共団体の責務とされています。本件においては高齢者をいかに虐待から守るか、そして虐待防止のため、市の施策に対する妨害行為を排除することは法の趣旨からも市の責務です。虐待者Yさんから被虐待者Xさんとの分離の措置を行ったことから「Yさんと面談」は拒否すべきです。また、成年後見人を弁護士Z先生が選任されていますので、被虐待者Xさんの身上監護については成年後見人の職務ですので、担当部署が独自に面会について決定することはできません。成年後見人の意見に従うべきです。

　包丁を持って窓口に「お袋をどこに隠した」「おかーちゃん会いたいよ」「人でなし」と市役所の窓口に怒鳴りこんできた事案ですので警察に通報すべきです。市役所の職務のみならず、高齢者の生命身体にも重大な危険をもたらす行動は決して見逃してはいけません。

　なお同様の事案については、虐待者Yさんについて、公務執行妨害等の被疑事実で逮捕勾留された後、Yさんの弁護人、検察官と市の福祉課、不当要求行為対策担当弁護士とが連携し、Yさんに元々精神的な疾患の可能性があるので、例えば主治医（精神科）に受診させ、精神保健及び精神障害者福祉に関する法律33条による医療保護入院の措置をなし、退院後「退院後生活環境相談員」により生活の安定をはかった例もあります。問題の根本的な解決として、行政のきめ細かい対応も必要となります。XさんもYさんも市民ですので、行政として排除すればよいというものではありません。後見的な立場で大所高所から総合的に事案を解決することが必要です。

■ 参考

・虐待の定義
　1　身体的虐待　2　介護・世話の放棄放任　3　心理的虐待　4　性的虐待
　5　経済的虐待
・虐待の例
　1　身体的虐待

殴る、蹴る、たばこの火を押しつけるなどやけどを負わせる。無理矢理口に食事を入れる。身体的拘束をする。

2　介護・世話の放棄放任

入浴させず異臭がする。水分や食事を提供せず、脱水症状、栄養失調がみられる。排便排尿について衛生的措置がなされず放置されている。衣服の汚れ、ゴミの放置など劣悪な住環境。

3　心理的虐待

怒鳴る。ののしる。悪口を言う。無視する。排泄の失敗について嘲笑、叱責する。

4　性的虐待

性的行為の強要、陰部等身体に対する不当な接触。裸にする。

5　経済的虐待

生活費を渡さない。高齢者の年金・貯金を意志利益に反して使用する。財産を処分する。

第2編 応用編

課題 10 ゴミ屋敷に対する行政の対応

事案

　A市は住民の暮らしに関する困りごとに対応するために「生活課」を設け、様々な相談に対応しています。本日当市〇〇町の住民代表（自治会長）Xさんが「生活課」を訪問し、「〇〇町10番地33号のYさん（80代）宅が過去10年来生ゴミを含めたゴミを捨てず、自宅にうず高く積まれているほか、どこからか自転車、段ボール、新聞紙等のゴミを集め、ゴミが隣地のZさん宅との境界を越えようとしている状況です。付近の道路は通学路にもなっていましたが、ゴミが道路にはみだしていることもあり、通行の妨げになってしまい、通学路も変更しなくてはならない状況です。放置するゴミからは猛烈な悪臭がするほか、ゴキブリ・ハエ・ネズミといった有害害虫の巣窟ともなっています。これから夏に向かう季節であり、何とかならないかと思案し相談に来ました。Xさんも隣地のZさんも町内会長も、ここ数年Yさんと話をしたいと自宅を訪問しているのですが、呼び鈴を鳴らすたびにペットボトル・ゴミを投げ付けられ「殺したる」と言われる有様です。弁護士に相談すると、生活妨害禁止の仮処分を申立、撤去できると言われましたが、誰が仮処分の申立人になるかということを考えれば怖くてできません。」

Q　市はどのように対応したらよいですか。

課題10 ゴミ屋敷に対する行政の対応

■ 解説

　本件ゴミ屋敷問題は各地で生じています。火災の危険性があれば所轄消防署、道路が使用できないのであれば所轄警察署に相談します。本件のような、住民Ｙさんがゴミを投げ付けるという点に着目すれば、暴行罪として被害届を所轄警察署に提出し警察が対応します。弁護士に相談し、ゴミの撤去を裁判所に請求する、もしくは損害賠償を請求するというのが従前の対応でした。それでも十分な対応方法とは言えませんでした。

　まず考えられる方法としては、道路上のゴミについては、通行を妨害しているならば、「何人も交通の妨害となるような方法で物件をみだりに道路においてはならない」（道路交通法76条3項）との規定に基づき、道路交通法違反としてＹさんを逮捕し、ゴミについては違法工作物等に対する措置として強制的に除却を行うことが可能です（同法81条1項2号・5項、道路法43条・44条の2・100条（罰則））。しかし、この規定では道路上のゴミは撤去できても、ゴミ屋敷内のゴミは撤去できません。ゴミ屋敷のゴミについては廃棄物処理法で取り締まりはできないかですが、問題があります。

　住民Ｙさんが「ゴミではない。財産である」と主張した場合、確かに財産的価値は客観的には「0」ですが、Ｙさん本人が主観的にも価値があると主張すれば「廃棄物」とは判断できず、廃棄物処理法そのものの適用は不可能であり、強制的な撤去はできません。

　では民事的方法により撤去は可能でしょうか。この方法も問題があります。Ｚさんほか周辺住民の悪臭等による環境の悪化・健康被害・人格権を被保全権利として生活妨害禁止の仮処分の申立を裁判所に対してする対策も考えられますが、①ゴミであり無価値物であるとの主張・立証、②当該ゴミによる悪臭等により健康被害が生じているとの主張・立証、③その健康被害によりゴミ屋敷のゴミを撤去をしなくては健康被害を回復できない必要性の主張・立証が必要であり、健康被害、悪臭については専門機関による知見が必要であり、立証方法に労力が必要です。さらに問題であるのは仮処分申立にあたり、債権者Ｚさんと債務者Ｙさんの審尋が必要となりますので、Ｙさんによりｚさんらへの危害の可能性もあり（Ｙさんについては何らかの人格障害が存在すると考えるべき）、債権者の安全も考えなくてはなりません。そしてＺさん債権者の仮処

193

分申立による保証金等出捐も考慮しなくてはならないため、民事的対応策も現実的ではないのです。

以上のような対応で、早急に確実なゴミの撤去ができない問題がありました。現在では各地にゴミ屋敷対策について条例が制定され、行政代執行により迅速にゴミ屋敷のゴミの撤去、良好な環境の確保が可能となっています。

条例の名称は「荒川区良好な生活環境の確保に関する条例」「京都市不良な生活環境を解消するための支援および措置に関する条例」「横浜市建築物等における不良な生活環境の解消及び発生の防止を図るための支援及び措置に関する条例」「名古屋市住居の堆積物による不良な状態の解消に関する条例」等様々です。

名古屋市条例の概略を説明しますと、条例（名古屋市）の目的は「居住する建物に物品等が堆積され、または放置されることにより発生する不良な状態を解消するための支援措置に関して必要な事項を定め、市民の安全で快適な生活環境を確保する」。不良な状態とは「建物において、物品の堆積または放置により、ネズミや害虫、悪臭の発生、火災発生のおそれがある等、周辺の生活環境に著しい支障が生じている状況」、そして条例に基づき以下の事項を行う権限責務があります。①調査として、条例の施行に必要な限度に応じて、ⓐ建物の居住者または関係者に報告を求めること、ⓑ居住者に関する事項について、市の保有する情報を利用すること、ⓒ関係機関に対して居住者に係る情報の提供を求めること、ⓓ不良な状況にある建物への立ち入り調査、を行います。

さらに②支援として、ⓐ建物等における不良な状態を解消し、またはその発生を防止するために情報の提供、助言その他必要な支援、ⓑ居住者が自ら不良な状況を解消することが困難であると認められるときは、経費の支出を要する支援、を行います。

③条例の対象となる建物等について、以下のとおり指導・措置を定めています。

ⓐ（指導）所有者・堆積者等に対して、不良な状況を解消するために必要な措置を執るよう指導する、ⓑ（勧告）指導したにもかかわらず、堆積者（ゴミ集めの張本人）が不良な状況を解消しないときは、期限を定めて勧告することができる、ⓒ（命令）勧告を受けた者が、正当な理由なく勧告に従わないとき、期限を定めて、勧告に従うよう命令できる、ⓓ（行政代執行）命令を受けた者

が正当な理由なく命令に従わず、他の手段によって命令した措置の履行を確保することが困難であり、命令した措置の不履行が著しく公益に反する場合は行政代執行ができる、ⓔ（応急措置）堆積物（ゴミ）による市民の生命や財産等へ重大な危険の発生を防止する緊急の必要性があるときは、必要最小限の措置をすることができる。

> **参考**
> ・地方自治研究機構「ごみ屋敷に関する条例」（令和5年12月6日更新）
> ・劔持麻衣「いわゆる『ごみ屋敷条例』の制定自治体の取組み―世田谷区・横浜市・豊田市・大阪市・神戸市へのヒアリング調査をもとに―」（公益財団法人 日本都市センター「自治体による「ゴミ屋敷」対策―福祉と法務からのアプローチ―」（2019年3月））
> ・「都市が進める「ゴミ屋敷」対策」（市政　2019年5月号特集）

　類似の事案（自己の糞尿入りビニール袋を何年にもわたり周囲に散乱放置した事案）については、ゴミ屋敷の所有者、ゴミ集めの張本人については、条例の勧告、命令に全く従う気配はありませんでした。

　しかもYさんと同様に、長期間ゴミを放置し、近隣住民とトラブルが生じていたため、当該人物についての検証が必要でした。行政代執行によりゴミを収去し、代執行の費用を国税徴収法の規定により不動産、預金等を差し押さえたとしても、当該人物が居住するかぎり、または他所に移転したとしても他所においてゴミ屋敷を生成する可能性は否定できません。本件の最終解決をどのように考えるかは、単にゴミ屋敷のゴミ除去ではなく、将来にわたってのゴミ屋敷生成防止が課題です。いわゆる経験からいえば、Yさんらゴミ屋敷問題当事者は「セルフ＝ネグレクト状態」「自分自身の健康や安全を脅かすことになり、不適切怠慢な行為」です。このようなセルフ＝ネグレクトに陥る要因として認知症、妄想性障害、不安障害、パーソナリティ障害等、何らかの精神的心理的な疾患があるものと予想されます。どのような法的手段を講じても、当該Yさんのセルフ＝ネグレクト状態が解消改善されなくては問題の最終的解決になりません。すなわち「人」に視点を当てた福祉的視点による指導勧告を行うという政策が必要です。本件のYさんによる近隣住民Zさんらの迷惑を通り越した権利侵害は深刻ですが、問題の本質はYさんという人そのものです。本件と同

様な事案についても、問題が住民から市に相談された段階で、いわゆる「コア会議」を行い、問題解決（ゴミ屋敷の終局的な撤去生成不能）に至るまで、会議を継続しています。コア会議のメンバーは、環境部・土木部道路管理課・福祉部高年福祉・精神保健福祉課・市民課・消防署・警察署とを結ぶ横断的な体制をとりました。

　そして、全体のコーディネーターとして顧問弁護士が指導し解決に至りました。その際、最も重要な視点はＹさん自身の健康と高齢化に向かうための介護の必要性の判断でした。つまり「お節介」です。Ｙさん自身の健康状態について外観から判断するかぎり「低栄養」の状況にあり、かつ衛生上も問題があること、そして行動から精神的な問題をかかえていること、さらには、通院入院履歴等から、自らが健康について回復する能力は著しく低く、不可能と判断しました。そこでＹさんの親族を調査し、Ｙさんの「扶養義務者」になり得る者（実例は妹）を探し出し、現況を説明し、交渉し、Ｙさんについて精神保健及び精神障害者福祉に関する法律33条により医療保護入院の措置をゴミ屋敷に対する行政代執行と同時に行い、入院に至ることになり、平穏な人生を過ごすことができました。代執行の費用についても親族により支払われ、「ゴミ屋敷」は再度生成されることはありませんでした。

> **参考**

●精神保健及び精神障害者福祉に関する法律
　（医療保護入院）
第33条　精神科病院の管理者は、〔略〕、その家族等のうちいずれかの者の同意があるときは、本人の同意がなくても、〔略〕、その者を入院させることができる。（以下略）
　（医療保護入院等のための移送）
第34条　都道府県知事は、その指定する指定医による診察の結果、精神障害者であり、かつ、直ちに入院させなければその者の医療及び保護を図る上で著しく支障がある者であつて当該精神障害のために第20条の規定による入院が行われる状態にないと判定されたものにつき、その家族等のうちいずれかの者の同意があるときは、本人の同意がなくてもその者を第33条第1項の規定による入院をさせるため第33条の6第1項に規定する精神科病院に移送することができる。（以下略）
※妄想性障害・不安障害
　　パーソナリテイ障害DMS-5　精神疾患の診断・統計マニュアル・187ページ、635ページ以下参照

課題 11 談　合

事例

　私は、X市環境部総務課の職員をしています。当市は焼却炉の老朽化にともない新しい焼却炉の建設を進め、完成し、すでに数か月前から稼働しているところです。契約代金についてもすでに支払いは完了しています。

　建設については、焼却対象物である当市のゴミの特性、ダイオキシン対策、NO_x・SO_x対策等大気汚染対策を行うための排気ガス処理システム、また近時の省エネルギー対策として熱交換システム等が整備されている最新のシステムです。ところが本日地元の新聞紙朝刊にて当市の焼却炉建設契約入札について、談合の疑いがあると報道されました。入札参加の業者はA・B・C・D・Eの各社と大企業ばかりです。先ほど本庁から、「本日の新聞報道について記者会見を開く必要がある。市長・副市長に対して、資料等をそろえ、記者会見において住民に対して十分説明できるよう準備をするように」との指示がありました。

談合の疑い ABCDE 社

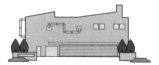

抗議の電話

Q　市民からの「解明しろ！」との抗議が絶えません。どうしたらよいのでしょうか。

解説

1　危機管理としての談合

　もし談合の事実が認められれば、公契約関係競売等妨害罪。いわゆる談合罪として入札各社A・B・C・D・E社の担当者は処罰されます（刑法96条の6）。

しかも、談合は不法行為ですから、市から各社への損害賠償請求もなされる大事件です。

　特に、談合事件においては地方公共団体の損害が巨額にあたることから、先行して住民より契約の適正についての住民監査請求がなされるばかりではなく、地方自治法242条の2第1項4号により、住民が地方自治体の執行機関（市長）に対して、談合を行った事業者に損害賠償の請求をすることを求める履行請求訴訟を提起することができます。訴訟が住民により提起された場合には、談合に関与したと思われる企業（本件ではABCDE各社）に対して訴訟告知がなされ、被告側に補助参加することになります。

　訴訟の構造としては、談合の存否を地方公共団体と企業（本件ではABCDE各社）が争うことになりますが、談合の事実が判決により認められれば住民に対しての信頼は失われることになります。

2　危機管理対策の問題

　本件の場合、「談合の事実」をX市としては、どのように判断しなくてはならないのでしょうか。そもそも「談合」については秘密裡になされることから、その立証は極めて困難です。本件のような大規模工事契約の場合、仕様書作成時に談合防止委員会が設置され、調査対応がなされる場合もありますが、それでも談合を防止することができない場合もあります。特に、公共工事契約においては、道路工事・下水道工事・建物建築工事については「公共工事積算基準」が明らかにされていることから、談合の有無を推認することはある程度可能です。ただし、本件のような一定の要求性能を補償するプラント建設については、プラントメーカー以外は全く設備機器構造についての知識がなく、どのように価格設定がなされ、そして価格調整が業者間でなされるかは、皆目見当がつかない場合があります。業者の内部通報でもない限り、入札・契約前に談合の情報を探知することは極めて困難です。

3　対　策

　何も対策を講じない場合、住民のX市に対する信頼は損なわれる可能性があります。

確かに裁判における「談合」の事実認定については、市が業者に対して損害賠償を請求する場合、原告であるX市に主張・立証責任があります。民事訴訟においての証明とは、その事実の存在について裁判官において確信を得た状態を言いますが、確信といっても「経験則に照らして全証拠を総合検討し、特定の事実が特定の結果発生を招来した関係を是認しうる高度の蓋然性を証明することであり、その判定は通常人が疑を差し挟まない程度に真実性の確信を持ちうるものであることを必要とし、かつそれで足りる」（最高裁（2小）昭和50年10月24日判決・民集29巻9号1417頁）とされています。

　裁判例によれば、談合行為が「刑事確定記録」によって認定された場合は民事訴訟においても認定されますが、公正取引委員会の課徴金納付命令に至る経緯からも、談合行為を推認することができるとされています。

　本件の場合、新聞記事等で談合の疑いと報道されているとのことですが、談合の事実においての認定について新聞社が調査の上、どの程度の証拠を集めた報道をしたのか、報道内容から調査してください。

　他方市として、以下の事実について確認してください。談合とは「入札をなす各社において、入札価格の基準となる値を何に求めるかをあらかじめ合意し、一定の係数を合意の上、乗じ、入札価格を決定するという合意の存在を認めることができること」が必要です。

※裁判例は談合が秘密裡になされることから、日時・場所の特定をさほど要求していない。

4　談合立証のキーワードは「入札予定価格」

　そのための立証としては談合の場合「入札予定価格」がキーワードとなります。

　まず、本件のような高度の処理技術を必要とし、施工能力について選定できるメーカーが限られている場合、入札予定価格の算定についてどのような手続をとったかです。おそらく選定委員会を設置し、その選定委員会で専門的見地に立ち、環境基準を前提に、地域の特性を考慮しながら、排ガスの処理能力、ごみ焼却の処理能力等を決定したものと推測されます。そして、その上で焼却炉メーカーに対して見積書を提出させ「入札予定価格」を決定したものと推測

されます。その上で入札の過程を説明すべきです。おそらく複数回の入札がなされているものと推測されます。

5　本件の検証

本件と同様の事案についての検証は以下のとおりでした。

なお、見積書作成については入札Ａ・Ｂ・Ｃ・Ｄ・Ｅ各社に見積書作成を依頼しました。

(1)　第1ステップ　入札価格の変動

① 1回目の入札については、Ａ社192億円、Ｂ社207億円、Ｃ社212億円、Ｄ社198億円、Ｅ社203億円となり、入札予定価格を上回ったことから、再度の入札となりました（入札において、入札予定価格を上回った場合については、入札価格の最低額が通知されます。第1回最低価格である192億円が入札参加者に告知されました。）。最低価格192億円

② 2回目の入札についてはＡ社188億円、Ｂ社191億2000万円、Ｃ社191億5000万円、Ｄ社190億円、Ｅ社191億円でありました。最低価格188億円

以上の入札経過からＡ社が落札しました。なお入札予定価格は190億円です。

　　㋐　1回目の入札最低価格と2回目の最低価格との差額が、4億円です。

　　㋑　2回目の入札価格の1位と2位との差額は2億円、そして2位以下5位まで1億5000万円の範囲で入札しています。

これを数値化します。

1回目の最低入札価格と各社の2回目の入札価格を比較すると、Ａ社97.9パーセント、Ｂ社99.6パーセント、Ｃ社99.7パーセント、Ｄ社98.9パーセント、Ｅ社99.4パーセントでした。

この数値から何を推論するかですが、係数について、1回目の最低価格について99パーセントを乗じた数値を2回目の入札価格とすることに合意が存在したものと推認されました。

1・2回目の入札についての高低の順位は、Ａ社が1位と入札価格について何ら順位に変動がなく、かつ、見積価格の高低の順位と入札価格の順位について比較しても、見積価格についてＡ社が1位と入札の順位と大差ない結果が出ていました。

(2) 第2ステップ　第1ステップの検証の上、見積価格からの推論

　A社1回目の入札価格及び第2回の入札価格については、見積金額欄235億円に対して消費税3パーセントを加算し、0.8を乗じると、約193億円となり同社の入札価格192億円に近似しています。

(3) 考　察

① 　1回目の入札価格についても、B・C・D・E社においては、193億円を下回る数値をことさら提示していないとの事実が認められます。

　　そして、2回目の入札価格について検討すれば、A社が提出した入札価格188億円は見積価格235億円に対して、0.8を乗じた数値と一致します。2回目の入札価格についても、A社以外のB・C・D・E社においては、188億円を下回る数値をことさら提示していないとの事実が認められます。

② 　落札者であるA社以外B・C・D・E社においては1回目入札価格B社は、見積価格×1.05×0.8=205と207億円に近似し、C社は、見積価格×1.05×0.8=213と212億円に近似し、D社は、見積価格×0.8=197.6と198億円に近似し、E社についても見積価格×0.8=204と203億円に近似しています。

　したがって、数値から見る限り、同入札に関して、5社が価格について鎬を削って価格を争った形跡がないばかりか、合意された一定の金額に一定の係数を乗じて各入札価格を決定したとの事実、1回目及び2回目の最低価格についてもあらかじめ了知の上、A社に落札すべく、各社で謀議した事実を推認できると判断されました。すなわち入札各社5社があらかじめ、落札予定者、いわゆる「チャンピオン」を決定し、落札させるために努力した事実を、見積書の徴収・入札結果からの数値から推認できます。

(4) 数値の根拠を再検証

　1回目の入札価格、A社192億円、B社207億円、C社212億円、D社198億円、E社203億円についても、その数値の算定根拠について再度検証しました。

　ABCD各社は焼却炉設備の設計製造施工を行うプラントメーカーです。全体工事の建屋、周辺設備のいわゆる建築工事部門については、下請建築業者が施工し、付属設備の排気ガス浄化システム（脱硝反応塔、バグフィルター等）

は他のプラントメーカーが製造設置します。そうするとABCD各社の担当者が談合する場合、焼却炉そのものの製造・設置の価格（本体価格）のみが裁量の範囲となります。そこでABCD各社が提出した各見積書の焼却炉そのものの製造・設置の価格（各本体価格）に一定の係数をかけると、1回目のそれぞれの入札価格であることが証明できました。

よって、入札5社が同工事に関して、談合をなしたという個別的談合の事実は推認できるとの判断ができました。このように間接事実を積み上げて談合の事実を立証することができました（③の算定については、本件以外の談合事件にも有用です。）。

6　本件の解決

すなわち、①見積価格の算定についての情報・資料の開示です。そして②資料を示し、入札価格の算定の経過と算定価格の開示です。③入札各社についての価格の公表がまず必要となります。

では、本件の場合「談合あり」と判断することができるのでしょうか。前記の同種事例においては、「談合」との情報が市に提供されてから、環境法制・焼却炉構造機能のみならず談合事件にも詳しい専門の弁護士に依頼し、入札予定価格の算定となる入札各社の見積書の検討・仕様から、各社の見積書についてプラント部分という概要ではなく、焼却炉本体・廃棄ガス処理設備・熱交換システムについて詳細に価格・検証を行った上で、数値係数を発見した経緯があります。まず回答としては「調査の機関」の設置をするところまで説明することが賢明です。そして、談合の疑いが強い場合は市としては住民に対する責任を全うするためにも損害賠償請求訴訟の提起をすべきです。

7　反社会的勢力に利益を与える目的で談合がなされた例

なお、本件と同様の「談合事件」について、とある刑事事件記録の抜粋を照会します。

「ゴミ関係・屎尿関係・火葬場関係等の工事では社会活動標榜団体がかならず、口を挟んでくるのです。当地区を営業エリアとする担当者としては、同団体の存在を無視しての営業はできません。同団体をこちらに向けさせるために

は、普段から良好な関係を同団体と作っておかねばなりません。そのためには工事代金の何パーセントというように相当な謝礼金が必要です。わたくしは同団体と良好な関係を維持していましたから、本命で落札できたのです。」

　このように、談合事件は巨悪の根源といわれていますが、なかなか根絶できません。市職員として大規模なプロジェクトについては、見積業者の選定・見積価格の内容、見積業者のプラント等技術能力、入札の過程について、業者への聞き取り調査だけではなく、独自の調査をする熱意と能力が期待されます。談合とは市民の税金が巨額にだまし取られたに等しい事件ですし、また談合により得られた金銭が反社会的勢力に流れる可能性が高いことから、厳しく対応すべき案件です。

(談合事件の留意点)
※入札価格算定の前提となる各社提出の見積書の内容、プラント本体各部位ごとの構造価格の検証が必要です。見積書作成の時期から談合の可能性があります。
※プラントメーカーは環境省の環境基準の改定にあたり対応する焼却炉の機能構造等についてあらかじめ検討しています。
※反社会的勢力は前記の情報を獲得しています。
※本件と同様の事案については各地方公共団体との情報の連携が必要です。
※名古屋高等裁判所民事第4部平成22年8月27日判決参照。
※裁判例は落札価格の5パーセントを損害と認める傾向。民事訴訟法248条

第2編 応用編

危機管理―失敗の原因と分析

事例 不当要求と危機管理対策失敗！―念書を書いてしまった

　私は清掃工場の総務課長をしております。新たな環境基準を満たすため、工場建設用地並びに焼却残渣の保管用地として近隣1万平方メートルの土地が必要となります。

　近隣の当該土地は元々名士Cさんの所有でしたが、現在はYさんの所有となっています。Cさんは、時価坪3000円相当で売却していただけるとの話が進んでいました。しかし現在の所有者Yさんは売却するならば坪10万円だと30倍以上の金額を主張しています。

　昨日、午後5時頃清掃工場の所長Xと私の直属上司のZにYさんから、「事務所にすぐ来てほしい。言うとおりの金額で当該土地を売却する」との連絡がありました。所長Xと事務長Zは出掛けましたが、本日午前5時まで二人とも出勤してきませんでした。5時過ぎに二人とも戻り、私が話を聞いていたところ、以下の事実が判明しました。

① Y事務所に行ったところ、深夜11時まで事務所には数人の屈強な男がいた。事務所に入ったら寿司桶が出てきて、「食べてから話を始めるから寿司を食べろ」と言われた。他の同席した屈強の男も寿司を食べ始めた。

② 両名は、「ごちそうにはなれません」とお断りしたら、「親切に寿司まで出して土地の売却の話を進めようとしているのに食べないとは何事だ」と怒鳴られた。そして数人の男にも怒鳴られたので、やむを得ず寿司をつまんだ。ビールも出され、「飲まないと話にならない」と言われ、車の運転をしない所長は飲んでしまった。寿司を食べ終わった後で土地の売買の話をしたら、「こんなに気分が良いからナイトレストランで前祝いをしよう」と言われ、マイクロバスに押し込まれ、数人の男とともにナイトレストランに行ってホステスの接待を受けた。

③ 「帰りたい」と言ったが、「土地の売却がうまくいけばいいんだ」と言われ、そのまま夜が明けてしまった。マイクロバスでY事務所に戻り、そこで朝食として出前のサンドイッチとコーヒーを出された。そこでコーヒーを飲んだ後、Yさんから「頭が冴えただろう」と言われ、念書を出された。男らに囲まれ怖いし、眠気はするし、意識が朦朧とするな

課題12 危機管理──失敗の原因と分析

か、怒号と罵声を浴び、根負けして念書を書かされた。内容は「当該土地面積を3万3000平方メートルと確認します。当該土地を坪10万円で買います。所長X　事務長Z」という内容です。

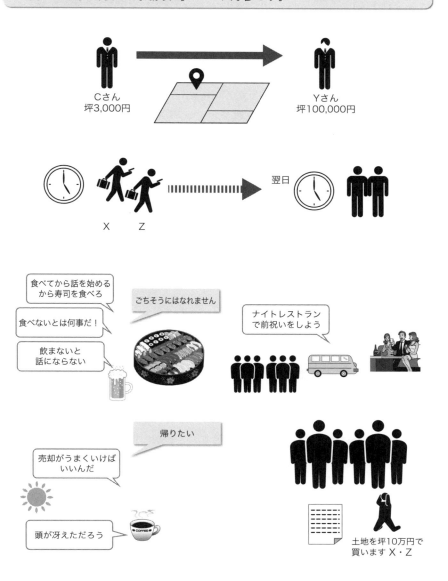

第2編 応用編

 このような要求について、どのように対応すればよいでしょうか。

■解説

　法的に検討すれば、所長X名義の念書は、地方自治法234条5項により要式性を満たしていないことから無効です。YさんについてはXとZに対する刑法220条の監禁、同法223条の強要等の罪名に嫌疑されるばかりか、XとZはYさんにより長時間拘束されたことから、不法行為（民法709条）による損害賠償請求が可能であると解される案件です。代理人弁護士名で内容証明郵便にて「契約が成立していないこと、今後Yさんとの土地売買契約について代理人が受任したこと、Yさんの行為は不当要求行為にあたること、そしてYさんの行為については法的措置を検討する」旨を明言すれば事案としては通常沈静化する案件です。それでもYさんが坪10万円で購入すべきことを執拗に要求し、清掃事務所の業務を妨害する事態になれば、裁判所に対して、業務妨害禁止、架電禁止、訪問立入禁止等の仮処分申請をすることができる案件です。法的には解決が可能な案件です。

　また、本件については、所長Xと事務長Zが事務所からY事務所へ赴く際、他の職員に対して、訪問目的、帰庁時間、訪問先を明らかにしていれば、帰庁時間を過ぎて帰庁しない場合、X・Zに何らかの事故が生じたと推測され警察等に相談するなど、未然に事件を防げる可能性があった事案です。そもそも退庁時間を経過して、公共用地の買収先に向かわなくてはならない必要性があったのかどうかです。勤務時間を超過すること、交渉の相手方の自宅・事務所に赴かなくてはならない職員に対して脅迫等の不当要求行為の可能性が生じやすい事案です。したがってできる限り回避すべき状況でした。やむを得ず夜間訪問する場合も、外部から定期的に連絡を入れて安否を確認すること、滞在時間を制限すること、複数の職員により対応すること、車両により赴かなくてはならない場合についても事前の訪問先周辺を調査し、逃げやすい方法を検討すべき案件であり、用心に用心を重ねるべきでした。現地は密室となりやすく不当要求行為が生じる可能性は高いと考えてください。

　繰り返しますが、冷静になり、本件の場合少しおかしいと考えるべきです。

交渉が困難であり、特に金額について大きな隔たりがあった場合、なぜ突然交渉が進むのか、その理由は何かを冷静に判断することが必要です。

考えるべき要素は以下のとおりです。

① 金額について自治体が購入できる金額は鑑定等により公正な金額でなくてはならない。Yさんのそれまでの主張する金額で自治体が購入すれば善管注意義務違反を問われる事案であり、どうして変化が生じたのか客観的事実があるのかどうかです。

② なぜ、相手方Yさんについて急いで契約を締結する必要があるのか、また当方としてもあらかじめ金額、支払期日等説明すべき事項、確認すべき事項が存在するのではないか。

③ 相手方Yさんの言うがままに相手方事務所に赴くこと、指定された時間について適切か否か。

④ 所長X、事務長Zという現場事務所の幹部が赴く必要があるのか。

以上を全く検討していないのです。

他方Yさん側は、購入目的の土地はYさん個人所有であるにもかかわらず、多数人をあらかじめ事務所に待機させていることから、何らかの圧力をかける意図があることをX・Zは予見できる案件です。

少し考えて「これはおかしい」と判断できなかったのかどうか、仮に事前に、Y事務所に訪問すること、時間等その他Yさんの主張等を弁護士に相談すれば回避できた事案です。

ではなぜ、前記解説のような経緯になってしまったのかを検証しましょう。不当要求行為対策のみ検討するのではなく、その原因は何かを考えることが大切です。

組織的にみて、用地買収の担当は組織のトップではなく、用地交渉担当者が決められています。組織での対応になります。

心理学的にはX・Zは「自分なら交渉し契約締結ができる」と自信過剰の状況、自分の能力や知識経験を過信し、自分にはできると過信があることです（自信過剰バイアス）。さらに自信過剰バイアスが大きいと悪い状況に陥ることを過小評価し、かつ起きていることをコントロール可能と思い、そのまま突き進んでしまう傾向にあります。また責任ある地位にあると「どんなときでも自分

第2編 応用編

が全てであり成功しなくてはならない」との自己承認要求から周囲の状況について正確な判断ができない状況に陥ります。

　X・Zの個人プレーとも思える心理はこの現れといっても過言ではありません。

　他方Yさんは用意周到です。不当要求行為者は概して知能犯です。Zが断ろうが断らないであろうが外形的に接待漬けにして、又は結果的に公務員倫理に違反しました。もはやYさんもX・Zも「仲間」であるとの認識をさせることが目的です。「失敗した。まずい。倫理違反したのでは。部下に示しがつかない」と負の感情を抱かせれば大成功です。

　そうすると、自分の心の中に認めたくない内容を意識しないようにするという防衛機能が働き「誤りを認めることは自尊心が傷つく」との感情により、様々な現象が生じます。

　「不愉快な体験や記憶を無意識の領域に押し込み、忘れようとする」（抑圧）、「現実と向き合うことをせず、逃げようとする心の動き」（逃避）、「抑圧された感情を別の対象に置き換えて、発散する。出かけるのを止めない部下の責任、契約ができなかった部下の責任」（置き換え）、です（下図参照）。

本人の心理

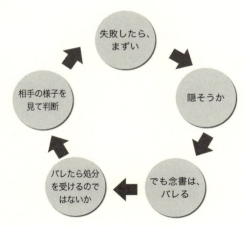

課題12 危機管理―失敗の原因と分析

このような場合、どうするか、次の図を参照してください。
① いつも誰かに見られているという意識を持つ
② 公務員の倫理の原点にかえり、職務は公のものであり、公正と公平が常に求められる
③ 隠すのではなく、事実を明らかにして対策を行うこと

が必要です。

また、そのためには何事も法的に解決が可能であるとの法的知識を持たなくてはなりません。日々の研修は幹部を含めた公務員全体に必要です。

危機防止のための行動指針

① いつも誰かに見られているという意識を持つ
② 少し変だなという意識を持つ
③ 先例慣例にとらわれない意識を持つ
④ よそはよそ、自分は自分という意識を持つ
⑤ 市民に説明できるかという意識を持つ
⑥ 自分の家族に説明できるかという意識を持つ
⑦ 将来になっても説明できるかという意識を持つ

結論　「真実を明らかにして、報告連絡相談すべき。」

第3編
資料編

資料1 市民の苦情とクレーマーのクレームの区別
クレーマーチェックシート

資料2 不当要求者面談時の注意点
～精神科面接マニュアルの応用～

資料3 苦情・クレーム対応マニュアル

第3編　資料編

資料1　市民の苦情とクレーマーのクレームの区別
クレーマーチェックシート

A　申立について
1　苦情を申し立てる人物について
　① 住所・氏名を明らかにしていない
　　　はい　・　いいえ
　② 属性が変化しているか
　　　はい　・　いいえ

（例）
a 「〇〇町の者だ」
b 「一市民として文句を言っているのだ」
c 「何で納税者が名前を言わなくてはいかんのだ」
d 「市民の顔と名前ぐらい覚えておけ」
e 「実は〇〇団体の者だ」

2　苦情を申し立てる人物について苦情内容が変化しているか
　　　はい　・　いいえ

（例）
a：当初、生活保護受給手続に関して窓口対応に対する不満が、苦情処理についての苦情処理担当者の言動に対して問題があると主張していた場合
b：市営住宅の申込手続について、当初、申込手続担当の住宅課窓口への苦情内容が、手続の煩雑性と職員の説明不足であるとしていたところ、「差別的対応」をしたと全く次元の異なる苦情を申し立てた時
c：小学校に通う児童について、いじめがあったと担当教諭に対して述べていたところ、担当教諭の対応が悪いと苦情を執拗に述べる

3　苦情を申し立てる人物について要求内容が変化しているか
　　　はい　・　いいえ

（例）
a：当初、固定資産税の課税基準について、書面による説明を求めていたところ、固定資産税課職員の対応及び固定資産税評価の過誤について、人事考課に対しての要求に変遷した例。
b：当初、市民病院の入退院の基準に問題があるから、退院させないように

資料1 市民の苦情とクレーマーのクレームの区別　クレーマーチェックシート

　　と求めていたところ、突然、金銭をよこせと要求内容が変化した例。
　c：「道路改修工事の騒音がひどい。眠れない」と道路管理課に苦情を述べていたところ、「道路行政について意見を聞きたい。行政は間違いだ」と都市計画課に対して、回答を求めた例。
　d：「道路工事の穴のおかげで車が傷ついた。修理代を出せ」との苦情を述べていたところ、「市役所に苦情を言ったが結論が出るまで遅い。おかげで商売がダメになった。1億円よこせ」（1との複合型）

4　苦情を申し立てる人物が、交渉相手を変えようとするか
　　　　はい　・　いいえ
（例）
　a：固定資産税の課税基準について交渉窓口の担当職員から、財務課長の面談を要求。「おまえじゃ話にならん。財務課長を出せ。」
　b：「官民境界に問題がある。俺の自宅敷地はもっと広い。道路管理課長では話にならん。土木部長を出せ。」
　c：「昔、市に道路用地として自宅敷地を売った。でも固定資産税が安くなっていない。資産税課や土木部の人間なんて、もう話にならん。どうでもいい。その買収時の土木部長であった副市長を出せ。」
　　「おまえじゃ話にならん。市長を出せ。」は典型例

5　苦情を申し立てる人物が、交渉の場所を変えようとするか。また特定していないか
　　　　はい　・　いいえ
（例）
　a：「勝手に資源ごみの収集日を変えるとは何だ。清掃工場に文句を言ってもラチがあかない。今度は現場を見るため自宅に来い。市民の悩みを実感しろ。」
　b：「子どもが学校で怪我をした。教育委員会に言ったけれどもラチがあかない。子どもが事故以来、閉じこもって不登校になっている。家まで様子を見に来い。」

6　苦情を申し立てる人物が交渉の時間について、不特定であるか。又は役所の執務時間外か
　　　　はい　・　いいえ

（例）
「市民の苦情対応について、市役所の執務時間に拘束されることはおかしい。苦情の原因は窓口にあるから、自分が都合のいい閉庁時間帯に行う。」

7 　苦情を申し立てる人物の苦情申立先が変化しているか
　　　　はい　・　いいえ
（例）
　　市、県、国の機関、弁護士会等、苦情の申立先が頻繁に変わる場合。
ａ：市道の問題について、当初、道路管理者である市道路管理課を苦情を述べる窓口としていたところ、県・国の担当部署に対して市を指導するようにと要求する場合。
ｂ：生活保護受給手続において市の窓口の対応が悪い。県の民政局窓口・厚生労働省の窓口に担当者を指導しろと頻繁に要求する場合。

（注）この場合、苦情内容・要求内容も変遷する場合がある。
　２・３との複合型
（例）
　　市民病院から扶養する親族が退院を求められている事例について、市民病院の医師、窓口には退院の基準について苦情を述べる。
　　一方、市の福祉の窓口に対して親族の引き取りにより生活費が増大することから市営住宅の手配と生活保護についての相談とその事務手続に対しての苦情。
　　法務局に対して親族の退院についての基準並びに市に対する相談について差別的取り扱いを市にされたとして人権問題であるとして苦情。
　　弁護士会に対しては、人権侵害を理由に、市と国（法務局）を訴えてほしい。市民病院の医師については、治療に問題があるから損害賠償をしてほしいと相談する。
　　県の医事課に対しては、市民病院の医師に対して処分をするよう苦情を述べる等。

B　社会的相当性の基準
1 　苦情要求行為の態様が相当性を逸脱しているか
　　　　はい　・　いいえ
（例）
　　「殺す」「火をつける」とか身体・生命・財産に危害を加えて脅す文句であ

資料1 市民の苦情とクレーマーのクレームの区別　クレーマーチェックシート

れば、脅迫罪（刑法第208条）が成立するが、それに到らなくても、例えば窓口での罵詈雑言。「馬鹿ヤロ〜」、「アホかテメェ〜」等、通常の会話、交渉時における会話等において使用しない言葉を発する場合は、社会的相当性を欠く交渉形態と判断できる。

　職員に対する直接の有形力の行使、例えば、「殴る」、「蹴る」場合は、暴行罪・傷害罪が成立する。しかし、職員に対してではなく、「ロビーで柱を蹴る」等の実力を行使する場合は、当然、社会的相当性を欠く行為である。また、執務時間外に居座る行為も社会的相当性を欠く。

　庁舎内で弁当を持ち込み、飲食しながら、長時間・長期間窓口に対して苦情を述べる事例もあるが、これも社会的相当性を欠く行為である。

2　要求内容が法令等に照らし、無理な要求をしているか
　　　はい　・　いいえ

> 《判断基準》
> 　A欄　「はい」1個以上……要注意
> 　B欄　「はい」1個以上……真性クレーマー

第3編 資料編

資料2 不当要求者面談時の注意点～精神科面接マニュアルの応用～

1 対応チームの結成・複数対応・情報の共有

2 面接の3つの段階
① 開始段階
　市民に会い、生活状況を少し聞き、そして口を閉じて、なぜこの部署に来たかを聞く（数分間）
　目的、市民の来訪の目的、敵意等を探る
② 面談本体
　具体的内容の聴取（20分程度）
③ 終了段階
　評価・結論を市民に伝えること。記録をとるための余裕（数分間）

3 事前準備
・適切な場所と時間を確保
・記録の方法を確保
　① 場所を確保する
　② 机の配置等自分の思いどおりにする
　③ 視線を向けなくても時計が見えるように座席位置を決める
　（注）市民の前で担当者が時間を気にしている様子を示すことは、職員の弱気を表す。
　　　職員として時間管理ができると余裕ができる。
・時間を大切にする
　① 時間を限定する
　② 場所に市民より早く行く
格言　時間は人間全てにとり、一人ひとりの固有の財産である
・提案
　① 自宅の連絡先、携帯番号を教えてはいけない
　② メールアドレスも同様である
　③ 休日、閉庁時間後は対応しない
　④ 服装については、清楚を旨として、華美を避けるとともに、失礼のないように心得る（短パン、Tシャツは避ける）
　⑤ 職務（所属）がわかるように、ネームプレートを着用
　⑥ 「私は○○課の誰々です」と必ず、最初に挨拶する
①は生活妨害、②はすぐにメールで返信しないと市民はいらだつ、⑥は重要

> （例）
> 「私は、建設部道路維持課の道路改修保全チームの主任山田です。ご用件は何でしょうか。まずご用件をうかがう前に、お名前とご住所をお聞かせいただけますか。」
> 「うるさい、俺が名乗るのも名乗らないのも、勝手だ。」
> 「お名前と住所をうかがわないと、具体的な問題か判断できません。」
> 「市民として苦情が言いたい。」
> 「それでは、一般的なご意見でしたら、この窓口ではございませんので、市民相談窓口にお越しください。」
> 「なぜだ。」
> 「当窓口は道路の維持管理の窓口ですので、道路又は道路工事に関する苦情は受け付けますが、一般的なお話を承る場所ではございません。」

対応　クレーマーの匿名性による攻撃の排除、一般論の堂々巡りを防ぐ最初の防波堤
　（注）苦情とクレーマーのクレームの区別

4　問題人物に対する面談のノウハウ

① 悪意のある人物は自分の悪意を面接者に投影する。→被害妄想
　（例）
>　　職員：どうして、このような事を聞くかわかりますか
>　　市民：うるさい。俺を困らすためだろう。さっさと結論だせ
>　　職員：私があなたを困らすことを言いましたか
>　　市民：言った。俺は覚えている、おまえ忘れたんか
>　　職員：具体的になんのことでしょうか

対応　具体的に苦情内容を特定させることにより、話を終了させることができる

② 市民に話の口火を切らせる。但し時間を区切る。怖いと職員がしゃべり過ぎ、揚げ足を取られる。

③ しゃべり過ぎる市民に対して、職員が無関心・せっかち・恐れているというイメージを抱かせることなく、いかに話を打ち切るかが要点である。そのために答えが限定される質問、選択式の質問をするのも方法である。
　（例）下水工事がうるさいと苦情を申し出た市民に対する例
>　　工事の音はどうですか
>　　うるさい
>　　何時から何時までですか
>　　工事中ずっとだ
>　　お加減はいかがですか

調子よくないにきまっているだろう
　　　お医者様にかかりましたか
　　　行った
　　　どこですか
　　　〇〇整形だ
　　　お医者様はなんといいましたか
　　　いつものとおりだ
※具体的にどこが悪いかという話です。

　このような質問をする場合については、当然準備も必要であるし、何が目的か明確に質問しなくてはならない。
　本質問の要点は健康被害が存在したか、それが工事に起因するものかという質問の趣旨である。不法行為責任という法的概念を分解し事実の認定をするための質問方法である。
④　話の打ち切り方法
　（例）
　　「申し訳ないですが、あなたとのお話をやめざるを得ません。残された時間は5分です。その5分間にあなたの苦情の要点をお話いただけますか。どうでしょうか。また時間が掛かるようでしたら苦情の要点を文書にしてお持ちください。それを読んでから、必要があればご連絡します。」
　　「20分以上お話いただいていますが、先ほどの私の質問に答えていただいていません。時間がありませんので、残り5分の間にさきほどの私の質問にお答えいただけますでしょうか。」

資料3　苦情・クレーム対応マニュアル

1　相手方から長時間にわたる電話や執拗に電話をかけてくる場合

> **Q**　長時間にわたる電話や執拗な電話に対し、どのように対処したらよいか。

A　用件を明確に聞くこと。用件が分からない場合は整理して後ほどかけるよう諭し、電話を切ることがポイント。会話内容は必ずメモ等記録し、必要に応じて録音する。（原則として庁舎管理権の行使として相手方の承諾は不要。ただし「業務の必要性上あらかじめ録音させて戴きます」と告知することが望ましい）

※録音機能がない電話機の場合、スマートフォン、ICレコーダーによる録音を行う。

「ご用件は手短にお話しください。」
「他に所用もありますので、10分程度でお話ください。」
「用件の趣旨が分かりませんので、再度かけてください。」
（何度もかけてくる場合は、②へ。）
「記録しますので、録音させていただきます。」（録音についてあらかじめ告知していない場合）
「申し訳ありませんが、ご用件を整理してお話いただけませんか。」
「お話が、先日（先回・先ほど）と異なっていますが、ご用件はいずれでしょうか。」

① 長時間にわたる電話に対しては
「これ以上、お話する事は職務の阻害となりますので、お電話を切らせていただきます。」
と答えるのがよい。
「○○時から会議がありますから⋯。」
「○○時から人と会う約束になっていますから⋯。」
と答えるのは避ける。後で嘘だと攻撃されないため。

② 執拗な電話に対しては
「前回と同様のお話しでしたら、切らせていただきます。」
「以前からお話しを伺っておりますが、○○はできませんので、電話を切らせていただきます。」
「結論は変わりません。職務に影響がありますので切らせていただきます。」

> **Q**　「なぜ電話を一方的に切ったのだ、俺にはまだ話がある。聞かんか。」と言われた場合、どう対処したらよいか。

A　「お話しは既に済んでおります。前回、回答したとおりですので、切らせていた

第3編 資料編

だきます。」または「○月○日に私が回答申し上げたとおりです。何度も同じお話はできかねます。」

「当方からお電話をしたのではありません。当方は当方において、回答したとおりです。電話を切りましたのはお話しする（ご説明する）必要がないからです。」

(注) ①執拗な電話に対しては、架電禁止の仮処分を裁判所へ申し立てることができる。
　　②居留守は使わない。相手方に攻撃材料を与えるばかりか、怯えているとの心証を相手に抱かせる。

Q 「なぜ電話を一方的に切ったのだ、市民に説明する義務があるだろう。不誠実だ。」と言われた場合、どう対処したらよいか。

A 「ご説明は十分させていただきました。説明責任ははたしています。いつまでも、長時間お話を聞く義務は市としても担当としてもございません。職務の阻害となると判断しましたので、電話を切らせていただきました。」

Q 「なぜ電話を一方的に切ったのだ、これからはおまえから俺に電話しろ。それが市民サービスだ。」と言われた場合、どう対処したらよいか。

A 「必要がないかぎり、当方からお電話を致しません。その義務もありません。」
「○○さんのお話を承りましたが、当方からお電話する必要性は認められません。」
「必要もないのにお電話をする義務はありません。」

Q 「馬鹿野郎、貴様何様だ、市の職員だろう。納税者・市民に生意気なことを言うな。市役所で顔洗って待っていろ。」と言われた場合どう対処したらよいか。

A 「○○さん、残念ですが、冷静にお話ができないようですので、お話はこれ以上できかねます。」と言って電話を切る。

Q 「おまえの話ではラチがあかんのだ。おまえの説明・話がわからんから電話の話が長引いているのだ。納得できるように、わかりやすく説明しろ。」と言われた場合、どう対処したらよいか。

A 「○○さん、残念ですが、お電話では時間の限りもあり、すべてのお話を理解できない場合もあります。お話の要点を文書でまとめて送っていただけますか。その

上で回答できるか否か検討いたします。」と言って電話を切る。
※文書の内容によっては当方から連絡はしない。この場合「なぜ連絡しないのだ。」と言われたら、「書面について、回答できるか否か検討の上必要ないと判断し連絡しませんでした。」と回答する。

2　相手方から、「すぐに来い」「夜9時に来い」「日曜日に来い」と執拗に電話をかけてくる場合

Q　「すぐに自宅に来い。」と言われた場合、どう対処したらよいか。

A　「職務上、自宅にお邪魔することはできかねます。」
または、「現時点でその必要はないと考えます。」

Q　「夜9時に来い。日曜日に来い。」と言われた場合、どう対処したらよいか。

A　「職務時間外です。お断りします。」
（注）公務員が相手方の要求に基づき自宅を訪問しなければならない場合は、法規上ほとんど無いことに留意すべきである。過剰な行政サービスは市民の信頼をかえって失う恐れがある。夜間相手方の自宅を訪問しそのまま監禁状態になった例も多い。やむを得ず相手方の自宅を訪問する場合、①外部からの連絡が可能な状況にする、②そしてたえず外部から連絡をいれる、③複数で訪問する、④相手方敷地に自動車を止めない、⑤提供される飲食物に一切手を付けない、等が必要である。

3　「職員の自宅を教えろ」と言われた場合

Q　市民から、職員の自宅住所電話番号を教えてほしいと電話がありました。どうしたらよいか。

A　「プライバシーに関することなので、お答えできません。」とはっきり断ること。
（注）職員の自宅等の個人情報を相手方に提供することにより、当該職員の家族等に危害を及ぼしたり、当該職員に思わぬ危害がもたらされることがあり、職員と業者との癒着の遠因ともなりかねないので、自宅家族等のプライバシーにかかわる情報の提供は厳に慎むべきである。ただし、災害事故等の緊急時に連絡が必要な場合はこの限りではないが、まず当人と連絡をとる努力が必要である。

4 「職員の氏名を教えろ」と言われた場合

Q 市民から、職員の氏名を教えてほしいと電話がありました。どうしたらよいか。

A 「職員の氏名（フルネーム）をお教えすることはできかねます。職員はその担当職務で公務を行っていますので、担当部署、担当部署の役職名をお教えしますが、個人名はお教えできません。」とはっきり断ること。

（注）職員のフルネームを相手方に提供することにより、当該職員がクレームの対象になりかねない。例「新木場太郎総務課長」と役職及びフルネームを教えることで執拗につきまとわれる可能性もある。さらにはフルネームを教えることで、当該職員の職務外の行動情報をつかむ端緒となり個人攻撃の対象ともなりかねない。インターネットの発達からフルネームを知られると様々な情報が相手方に探知される可能性があることに留意すべきである（例 職務外の趣味の会の情報、同窓会の情報等）。

5 相手が私に「担当だから名前（フルネーム）を名乗れ」と言ってきた場合

Q 相手方より「おまえが役所の担当として俺の窓口となっているのだから、フルネームを教えろ」と言ってきた場合、どうするか。

A フルネームを教える必要はない。そもそも職員は職務として対応しているにすぎず、その担当部署、担当の役職が重要であって個人名での仕事ではない。つまり担当職員の職務については、だれだれという個人間の属性は関係がない。「ネームプレート」に「名前」の記載についてはクレーマー対策上、明記せず「○○主査」の表示でよいと考える。その理由は、クレーマーは事案の如何を問わず執拗に特定の個人を攻撃する例が多いからである。「○○課主査です。名前は名乗りません。」と答えればよい。

6 「職員の自宅に行くぞ」と言われた場合

Q 市民から、「担当者の自宅に押しかけ話をつける」と電話がありました。どうしたらよいか。

A 職員の自宅であろうと市役所の窓口であろうと同じです。「このお電話については、直ちに業務妨害として警察に届けます。」「職員の自宅に押しかけた場合は110番通報をします。」と答える。

7　相手が大声を上げたり、怒鳴り散らしている場合

> **Q**　大声を上げたり、態度で威嚇されたり、テーブルを叩かれたりした場合、どのように対処したらよいか。

A　大声を出したり、テーブルを叩くような行為に出た場合は、
① まず、注意を促す。
「静かにお話ししてください。」「大きな声を出されなくとも聞こえております。」
「他の市民の方にご迷惑になります。」
「これ以上大きな声を出しますと、不当要求行為対策要綱・庁舎管理規則により退去していただくことになりますので、静かにお話しください。」
（2～3回繰り返す）
② 庁舎管理者に連絡して退去命令の準備をし、退席を促す。
「これ以上話し合うことはできません。お引き取りください。」
「大声を出すような方とは、お話しすることはできません。」
③ 相手の大声などが続いた場合は、不当要求行為対策要綱により庁舎管理者に対し、管理権に基づく退去の手続を求める。
「現在何時何分です。ただちに退去してください。」
「録音を開始します。写真等撮影します。」
（庁舎管理者が庁舎管理規則に基づき退去命令を出す）
④ 退去命令に従わない相手は、警察にすみやかに連絡する。
（注）テーブルを叩いたり、蹴ったりする行為は、犯罪行為になるので、事件としての証拠の確保（メモ、録音、状況などの記録）も忘れずに。

8　相手が卑猥な言葉を職員に投げかけたり、不快な言動を繰り返す場合

> **Q**　職員に対して、性的な卑猥な言葉を繰り返したり、バカ・アホ・クソ等不快な言動を繰り返した場合、どのように対処したらよいか。

A　卑猥な言葉、バカ・アホ・クソ等不快な言動を繰り返し、職員の人格を攻撃した場合、
① まず、注意を促す。
「おやめください。」「〇〇さんの人格がほかの方に疑われますよ。」
「卑猥な言葉を繰り返されると他の市民の方にご迷惑になります。」
「これ以上発言されますと不当要求行為対策要綱・庁舎管理規則により退去していただくことになります。」
（2～3回繰り返す）

② 庁舎管理者に連絡して退去命令の準備をし、退席を促す。
「これ以上話し合うことはできません。お引き取りください。」
「卑猥な言葉を出すような方、人格を攻撃する方とは、お話しすることはできません。」
「職員に対する侮辱にもなります。侮辱罪で警察に被害届を出します。」
③ 続いた場合は、不当要求行為対策要綱により庁舎管理者に対し、管理権に基づく退去の手続を求める。
「現在何時何分です。ただちに退去してください。」
「録音を開始します。写真等撮影します。」
（庁舎管理者が庁舎管理規則に基づき退去命令を出す）
④ 退去命令に従わない相手は、警察にすみやかに連絡する。
（注）クレーマーは自己が職員より優越した地位にあると確信しているため、人格を攻撃する言葉により、職員を屈服させることができると錯覚している傾向にある。

9 相手が職員の外貌に難癖を付けた場合、不快な言動を繰り返す場合

Q 職員に対して「お前の目つきが悪い。人を馬鹿にした顔だ。担当を変えろ。」と要求してきた場合、どのように対処したらよいか。

A 「私はあくまで職員として対応しております。私からは馬鹿にしたような言動は一切していません。目つきについてはお話しできません。お話・ご用件をたまわりますので、冷静にお話しください。担当を変えることは組織としていたしません。」と回答する。

10 「職員の言動に差別用語があり、差別した」と怒鳴っている場合

Q 職員に対して、「お前、さっき言った話の中に俺を差別する言葉を言った。差別してよいのか。差別は差別された者にしかわからんのだ。俺が差別と言えば差別だ。謝罪しろ。」と怒鳴った場合、どのように対処したらよいか。

A 「差別的な言葉は決して言っていません。私が何時どのような差別的発言をしたのか、具体的にお話しください。窓口の他の職員にも問い合わせしますが、よろしいですか。」ときっぱり答える。
「差別は差別された者にしかわからんのだ。俺が差別と言えば差別だ。」
とクレーマーの特有の理論である。クレーマーは自己が規範であることから、独自の判断基準を創作することに注意。

11 「職員に差別された」と怒鳴り、「仲間と押しかける」と言っている場合

Q 「お前らの態度は明らかに俺を差別している。抗議活動をする。首を洗って待っていろ。」と怒鳴った場合、どのように対処したらよいか。

A 「差別的な対応は決してしていません。人権侵害か否か、県の同和対策室、法務局の人権相談の窓口に本事案を相談します。」「庁舎管理権に基づきあらかじめ多人数との面談はお断りします。」ときっぱり回答をする。

12 長時間居座り、退席しない場合

Q 長時間の交渉を打ち切るタイミングと、その切り出し方はどうしたらよいか。

A 最初に面談時間を約束させる、こちらで時間を指定することがポイントである。
「ご用件は○○分以内でお願いします。」「ご用件は○時から○時○分までに伺います」

面談を打ち切ることが必要である。打ち切るタイミングは、担当者がこれ以上交渉しても堂々巡りになると判断した時である。

① 切り出し方は、
「ご用件は○○ですね。すでにご説明したとおりです。」
「これ以上お話ししても同じです。」
「お話しは伺いましたが、○○はできません。」
「何と申されても当方の考えは変わりません。」
（2～3回繰り返す）

② 庁舎管理者に連絡して退去命令の準備をし、退席を促す。
「約束の時間も過ぎております。お引き取り願います。」
「これ以上お話ししても同じです。お引き取りください。」
「お話しは伺いましたが、○○はできません。お引き取りください。」

③ 相手方の居座り状態が続いた場合は、庁舎管理者に対し、管理権に基づく退去の手続を求める。

④ 退去命令に従わない相手方は、警察に連絡する。

（注）30分程度で打ち切ることが望ましい。

13　居座り、茶・菓子を要求した場合

Q　窓口で住民から「話が長くなる。茶・茶菓子くらい用意しろ。なんなら金わたすから自動販売機で買ってこい。」と言われた場合、どう対応するか。

A　「お断りします。」「公平な対応から茶菓の提供をいたしません。職員は職務に専念する義務がありますので、お使いもしませんし、できません。」と明確に回答する。
　　特別待遇を求める住民はクレーマーであり、要求に応じれば、要求はエスカレートすることに注意。

14　「上司に会わせろ」等と要求をしてきた場合

Q　上司との面談を要求してきて、「用件は直接課長に話す」「市長に会わせろ」と言っている場合、どのように対処したらよいか。

A　①　上司への面会要求には応じる必要はない。
　　「私が担当です。お話しは私が伺います。」
　　「課長には必要があれば、私から報告します。」
　　②　面会要求が執拗な場合は、庁舎管理者へ連絡して退去命令の準備をし、退去を促す。
　　「何度も申し上げているとおり、私が伺います。」
　　「用件をおっしゃらないのであれば、お引き取りください。」
　　（注）1①　市長副市長等幹部との面談は拒否すること。市長が直接対応しなければならない案件はまずない。
　　　　　②　決定権を持つ者に合わせると回答を求められることから、応対に困難が生じる。
　　　　　③　また、市長・副市長等幹部との面談を認めること自体不当要求行為者にとって、市民企業に対して一種の権威付けになることから、被害の拡大に繋がる。
　　　　2①　暴行、脅迫を伴う面会要求は、犯罪行為になるので警察に通報する。
　　　　　②　連日押しかけて来るような場合は、面談強要禁止や立入禁止の仮処分を裁判所へ申し立てることができる。

15　特定の職員との対応を要求してきた場合

Q　「担当者（もしくは前任者特定の職員）以外とは話をしない。」と言われた場合、どのように対処したらよいか。

A　「役所は機関として対応しております。特定の職員の選択はできません。お話し

は「私が」「某」が承ります。」

　役所は機関である。市民が特定の担当者を選ぶ権限はない。このような場合不当要求行為者は、特定の職員に的を絞り攻撃する可能性が高いことを予想すべきである。特に人格的クレーマーについては、特定の職員を集中的に攻撃することから、職員の安全のためにも、このような要求は拒絶すべきである。安易な対応は不可である。

16　「お前が担当しろ」と対応を要求してきた場合

Q　「お前と話をしたい。他の奴ら（職員）に任せるなよ。」と言われた場合、どのように対処したらよいか。

A　「役所は機関として対応しております。特定の職員の選択はできません。お話しは「組織」として承ります。」

　役所は機関である。市民が特定の担当者を選ぶ権限はない。クレーマーは特定の職員を執拗かつ集中して攻撃する傾向にある。これはクレーマーの自己顕示欲（自己愛性パーソナリティ障害）の現れである。相手にせず、組織で対応を心がけるべきである。

17　女性職員に対して対応を要求してきた場合

Q　「美人の女性職員に対応させろ。」「不細工なおっさんに対応させるな。」と言われた場合、どのように対処したらよいか。

A　「役所は機関として対応しております。特定の職員の選択はできません。お話しは「組織」として承りますので、職員は選べません。」

　このような場合、相手方から女性職員はセクハラの対象となる危険性もある。ともかく接触させないようにつとめ、かつ複数で対応すべきです。

18　仕事のミスを口実にされた場合

Q　こちら側にも落ち度があるような気がするという場合は、どのように対処したらよいか。

A　①　相手方が主張する内容について事実関係を調査し、安易に結論を出さない。
　　「事実関係については調査いたします。」
　　「言われる内容について調査します。」
　②　ミスが事実である場合は、法令等に基づいた適正な手続で解決を図る。

「その件については、法令等に基づき適正に対処させていただきます。」
③　ミスを口実の不当要求には応じない。
「ご指摘の件と要求とは別の問題であり、要求には応じることはできません。」
④　謝罪の言葉は慎重に（注1）

謝らない場合

「ミスはミスです。しかしながら、この件については法令等に基づき適正に対処します。」

謝る場合

「ミスはミスです。申し訳ございません。しかしながら、この件については法令等に基づき適正に対処します。」
⑤　ミスに動揺しない（注2）
「誤りについては、適切適正に処理します。ご要望においては後日連絡します。」
(注1)「すみません」の職員の言葉は、人格的不当要求者にとって万金の価値。
(注2)　ミスに付け込むのが、不当要求行為者の常套手段。公務員の完璧主義につけこみ、徹底的に攻撃する。ミスにより職を失うような事例、処分を受けるような事例はまずない。このようなときこそ「報告・連絡・相談」である。また不安であれば弁護士に相談すべきである。弁護士は守秘義務を負っているから安心して相談ができる。

19　「前任者と話がちがう」と言われた場合

> **Q**　「前の担当者に聞いたら、〜と言っていた。今おまえから聞いた話は違う。間違ったことを言うな。」と言われた際の対応はどうしたらよいか。

A　簡単に認めない。

「私が担当ですので、私が先程申し上げたことに間違いはございません。この場にいない前任者に直ちに確認できないことを話されても困ります。」

「前任者が申し上げた事実について書面等証拠がありますか。」

(注)　自分に都合の良いことしか記憶に残らない人、又は自己に都合のよいように情報を解釈する人、交渉の駆け引きで事実と異なることを語る人がいることは事実である。こうした場合、担当者としては、伝聞による情報として確認することができないことであるので、うろたえず直ちに反論すべきである。ただし、時によっては、相手方が誤解により混乱を生じている場合があるので、前任者と直ちに連絡をとって、相手方の誤解を解く方法も採るべきである。

20 「誠意がない」と言われた場合

Q 「こんな、誠意のない職員はいない。税金ドロボーだ。」と言われた際の対応はどうしたらよいか。

A 誠意がある、ないということついて尺度はない。動揺してはならない。
「法律条例規則等の法令に基づき、公平に職務を執行していることをご理解ください。」
（注）道義的な問題「親切」「丁寧」「誠意」など尺度のない問題に踏み込まない。要は誠意というものは、相手方の主観の問題であり、相手方が誠意があると感じるまで対応しなければならないという泥沼状態になる。

21 「抜け道を教えろ」と言われた場合

Q 「俺は無理なことを言っている訳ではない。少しは、納税者の立場を考えて、法令規則を柔軟に解釈するとか、抜け道を教えるのが担当者の仕事だろう。」と言われた際の対応はどうしたらよいか。

A 法令遵守こそ公務員の職務の根幹である。
「お断りします。」
「残念ながらそのようには考えません。今までお話しを承ったところでは、法令の解釈上〜点で、ご要望に添いかねる点があることをご理解ください。また公務員としては、法令を遵守する義務がありますので、お話しについてはお断りせざるを得ません。」
（注）このような場合、曖昧な態度「イエス」とも「ノー」とも明確な対応をしないと、相手方に「イエス」承諾との印象を与えてしまうことになる。このような場合、担当者を攻撃しやすいと相手方は考えることが多い。すなわち、担当者を追いつめれば法律の抜け穴、ひいては、法令違反の行為もしてくれるとの期待を抱かせることになる。付け入らせず、明確に回答すべきである。

22 「こちらにも考えがある」と言われた場合

Q 「いうことを聞いてくれないならば、どんなことになっても知らないぞ。覚悟しろ。」と言われた際の対応はどうしたらよいか。

A 毅然とした対応。
「どういう意味でしょうか。冷静なお話しができないならば、ご説明は打ち切らせていただきます。」

（注）不当要求行為対策要綱に基づき対応することが必要である。

　このような発言があった場合、話し合い、交渉説明の継続の必要はない。当事者の一方が冷静さを欠いた中での話し合いは、到底相手方の理解を得ることができないので、目的を達成することは不可能である。このような言葉が出たら直ちに交渉等の話し合いは打ち切らなければならない。

　そして、発言の内容を吟味した告訴・告発等の手続をとるか否か、弁護士等の専門家を交えて検討すべきである。むろん交渉等の経過報告書の作成をしなければならないことはいうまでもない。

23　決定者について質問された場合

Q　「こんな決定をしたやつは誰だ。役職と名前を教えろ。」と言われた際の対応はどうしたらよいか。

A　教える必要性はない。また義務もない。
　「組織での決定ですので、教えられません。」
　（注）行政庁での決定は言うまでもなく法令等に基づくものであり、その決定は一部署一個人によるものではなく、行政庁全体の決定であり、まさに組織機関の決定である。したがって、誰の決定という概念はなく、たまたまその職にあった者が、条例規則により職務権限を有するのみである。個人名を教えることは、その当事者が個人攻撃にさらされるだけである。

24　事実経過ついて質問された場合

Q　「こんな説明では納得できない。文書で状況を説明しろ。」と言われた場合、どのように対応したらよいか。

A　説明する必要性はない。また義務もない。
　「いままで、説明したとおりです。」
　「事実経過についてお知りになりたければ、情報公開の制度を利用してください。」
　（注）不当要求行為者の特徴は、何度説明しても納得しないという姿勢をとることである。
　このような場合、説明に説明を重ね、担当者としては、疲弊するのが常である。情報公開制度を教示し、自己で調べさせるという対応が必要である。つまり一般市民と同じ対応をすることである。

25　対応できない事項について対応を求められた場合

> **Q**　市で回答できない、国・県の問題について回答を求められた場合、どうしたらよいか。

A　「回答できません。」とのみ答える。
（注）このような場合、市民サービスという名目で、安易に市民の相談に乗ることが往々にしてあるが、相談に乗りながら解決できず結局トラブルになることが多い。解決できないことについては、相談に乗れないばかりか、回答義務も権限もない事項について、回答すること、話をいたずらに聞くことは無責任であり、不当要求行為者に弱みを握られるきっかけにもなる。

26　窓口で、撮影・録音を始めた場合

> **Q**　窓口で、職員の対応に不満を持った住民かスマートフォンで撮影・録音を始めた。どうしたらよいか。

A　即時「撮影・録音は禁止です。庁舎管理権に基づき退去を求めます。」と伝える。同時に警備員への連絡をする。

27　窓口で住民より受理した申請書を破られた場合

> **Q**　当市○○の窓口において住民から受理した申請書の記載事項について質問したところ、突然「うるさい。ごちゃごちゃ言うな。」と怒鳴られ、手元にある申請書を奪いその場で破り捨てられた。どうしたらよいか。

A　一旦受理した申請書は公用の文書である。即時警備員に通報し、警察への被害届を出すことを準備する。そして当人に対して公用文書毀棄にあたること、申請を取り下げる意思があるならば、直ちに判断することを求める。
（公用文書等毀棄罪）
　自治体の用に供する文書又は電磁的記録を毀棄したときは、公用文書等毀棄罪が成立する（刑法258条）。この場合の公用文書とは、行政の用に供する文書を意味する。公用文書には、公文書のみならず私文書も該当する。公用文書と公文書を混同しない。

28 住民より申請書を受理したところ申請要件の不備のため申請が許可されなかった場合

Q 当市○○の窓口において住民から申請書を受理したにもかかわらず申請が通らないのは「詐欺・ペテン」と怒鳴られ「謝罪」を求められている場合、どうしたらよいか。

A 「謝罪はできない。また一旦受理したとしても申請内容の許可等の処分はできない。」と答える。

申請書は行政庁の一定の処分を促す書面にすぎず、申請書が提出されたとしても必ずしも申請内容（例：建築確認申請・生活保護の決定）が各々の申請要件に該当しない場合は当然一定の許可決定はしない審査が必要である。その旨を説明すべきです（公共契約の場合でも、申込みないし申込みの誘因にすぎず、受理が契約の承認とはならない）。

29 窓口の順番待ちについてのトラブルの場合

Q 当市○○の窓口において住民から「いつまで待たせるのだ。こちらは病院へ予約済だ。優先的に対応しろ。」と怒鳴られた場合、どうしたらよいか。

A 「いつまで待たせるのだ。優先的に対応しろ。」窓口でよくあるトラブルであるが、全ての住民を公平に扱うのが行政事務の根本理念なので、静かに「皆さん順番をお待ちです。特別に扱うことはできません。」「お急ぎでしたら、もう一度出直してください。」「順番をお待ちの方もあなたと同じようにそれぞれ事情はあります。」と答える。

（注）クレーマーは「特別扱い」を要求する。なぜならばクレーマーは世界で一番自分が偉いと思っているからである。

30 規則・法令について窓口における説明の場合

Q 当市○○の窓口において住民から「規則、規則、条例といつまでわからないことを言うのだ。わかりやすいように説明しろ。」と怒鳴られた場合、どうしたらよいか。

A 規則・条例等法的根拠条文等を示して、「私どもは規則条例等法令に従い行政事務を行っています。」「ご理解ください。」と回答する。例えば、生活保護申請関係・公営住宅入居申請関係のパンフレットがあればそれを提示して説明する。住民の理解能力、年齢等によりそれぞれ差異があるため、できるかぎり書面等を示して説明

する。なかなか理解できないようであれば住民コーナー等、生活相談窓口においても説明する。

31 職務中暴行を受けた場合

Q 役所内で執務中いきなり殴られた。どのように対処すればよいか。

A ① 直ちに、医師の診断を受け、診断書を作成してもらう。
② 被害を受けた職員のみならず、居合わせた他の職員ついても、暴行について報告書を作成する。
③ 被害届を警察に必ず提出する。

32 職員の個人的問題について質問された場合

Q 職員個人の近隣問題・家族問題・男女問題について、役所宛質問状が一方的に送りつけられ、回答を要求された場合、どのように対処すればよいか。

A 職員の個人的問題に役所として回答する義務はない。
回答しない。
仮に質問状に対して、回答を求める電話・面談による質問があった場合、「職員の個人的問題については回答する義務はない。」と回答する。

(注) 公務員が公僕であるという理由、もしくは、公務員の俸給が税金でまかなわれていることを理由に、公務員の個人的問題について役所ないし上司に監督責任があるかのような質問がなされることが多く、この場合答える義務があるような錯覚が生じる。しかしながら、職務に対する公正という問題と、個人としての問題は別物である。職務外の非行があったとしても、それが職務の公正を侵害するものでない場合（もっとも非行か否かの判断は容易ではない）については、個人問題として関与すべきではない。

33 職員との個人的交際について質問された場合

Q 職員個人に対して職務時間外の交際を求められた場合、どのように対処すればよいか。

A 回答しない。もしくは「職務中です。個人的問題については回答できません。お断りします。」と明確に回答する。「職務中個人に対する要求、要望は、業務妨害にあたる。」と回答する。

クレーマーは、当該人物と親密な関係を作り、脅す目的で近づく。

34 職員に対して庁舎内の案内を求めた場合

Q 当市○○の窓口において住民から「○○課の窓口がどこかわからない。おまえ、案内して○○課の窓口まで連れて行け。」と怒鳴られた場合、どうしたらよいか。

A 「現在執務中ですので、席を離れご案内することはできません。庁舎案内ついては、当庁舎1階総合案内がありますので、そちらにお越しください。」と回答。特別扱いはしない。優しく冷たく丁寧に対応する。

35 代理人との交渉を要求された場合

Q 某市民の代理人と称する人物が現れ「これからは○○の件については自分と交渉するように。」と言われた。このような場合、どうすればよいのか。

A 他人が本人に代わり交渉するのであるから、委任状等代理権を確認する書面を求め、代理権を確認できない以上、代理人と証する人物とは交渉しないのが原則。なぜならば、代理権の付与が確認されない場合「そのようなことは頼んでいない。」と交渉の経緯が本人に及ぶか否か後日紛争になる恐れがあるからである。

　もっとも、代理権を確認できる書面があったとしても、代理権の範囲等を巡り紛争を回避するためにも、本人、代理人双方の同席を求め、交渉に臨むことが好ましいと言える。

あとがき

　本書に収録された事案は実際に起きた事例をもとに作成したものであり、その事件の一つひとつは複雑な背景のもとに発生した事案です。事件が一旦終結する度に、一つひとつの事件を検証することは必要と考え、事件の本質はなんであったか、行政の責任として十分な対応であったかを反省することが多々ありました。事案について新たに想定される設例を付加するなど、検証に努め記載したのが本書です。回答については絶対正しい回答であるとの確信は持っておりません。あくまでも一事例の一解決に過ぎません。むしろ本書をたたき台にして批判的に検討し建設的な議論を深めていきたいと願っています。

　本書作成について考えたことは、地方公共団体の問題解決についての全体解決です。特に「ゴミ屋敷問題」「庁舎内のビデオ撮影」の問題については、最終的には、条例の制定という議会・住民の総意と総意の結集が必要であると考えました。さらに新しい問題として「情報管理」があります。地方公共団体の扱う情報は多岐多様膨大です。この情報を集積し、いわゆるビッグデータとして福祉、医療、財政等の行政目的に積極的に利用すれば、行政の効率化の視点のみならず、住民にとっても有益なデータとして期待されるところです。しかしながら、情報管理が確実でないと一部の悪質な企業に利益追求のみに利用されるばかりか、住民個人のプライバシーの侵害はもちろん犯罪にも利用される可能性もあります。「情報」の便利さのみならず危険性も十分認識し、ハッキング・サイバーテロ等の方法による新たな不当要求行為も予想し、対策を講じる必要性も出てくると考えました。

　いずれにしても、危機管理・不当要求行為対策については、住民を敵視するものではありません。本書は職員、住民、地域社会、議会が一体となり、住民が主体となるまちづくり・ふるさとづくりをするための一助になればとの願いを込めて作成しました。

令和6（2024）年12月

編著者を代表して　宇都木　寧

━━━❖ 編著者紹介 ❖━━━

宇都木　寧（うつき・やすし）　宇都木法律事務所代表弁護士

昭和51年中央大学法学部卒、国家公務員上級甲職合格、昭和60年名古屋弁護士会弁護士登録。
日本弁護士連合会民事介入暴力対策委員会副委員長（平成12年から19年度）・幹事（令和6年～）、中部弁護士連合会民事介入暴力対策委員会委員長（平成18年から22年度）、各地方公共団体の顧問、委員を務める。

〔主な著書〕「最新民暴対策Q＆A－市民と企業の実践マニュアル」（共著、金融財政事情研究会）、「行政対象暴力Q＆A」（共著、ぎょうせい）

自治体職員のための 不当要求行為対応ブック
―事例からわかるトラブル回避策―

令和7年2月20日　第1刷発行
令和7年8月15日　第3刷発行

　　　　編　著　宇都木法律事務所
　　　　　　　　（代表弁護士　宇都木　寧）

　　　　発　行　株式会社ぎょうせい
　　　　　　　〒136-8575　東京都江東区新木場1-18-11
　　　　　　　URL：https://gyosei.jp

　　　　　　　フリーコール　0120-953-431
　　　　　　　ぎょうせい　お問い合わせ　検索　https://gyosei.jp/inquiry/

〈検印省略〉

印刷　ぎょうせいデジタル株式会社　　　Ⓒ2025　Printed in Japan
※乱丁・落丁本はお取り替えいたします。
ISBN978-4-324-11473-5
（5108978-00-000）
〔略号：不当ブック〕